SMASH

工務店経営の要諦

知道出版

はじめに

工務店には、勉強会やコンサルタント等を通じて、様々な成功事例の情報が入ってくる。福岡県の工務店がSNS集客で成功したとか、千葉県の工務店が平屋で売上が倍増したとか。

各工務店の努力により業績が向上したこと自体は素晴らしい。しかし、一例に過ぎない成功事例が普遍的なノウハウのように喧伝され、それに踊らされる工務店が多いことは、業界にとって望ましいことではない。

地域の特性、競合他社の状況、社内体制などが全て調和して、たまたまできた成功事例（N＝1）は、施策を考える上での参考にはなっても、妄信して良いものではない。安易にノウハウに飛びつくと、いつまでも自社独自の強みを持つことができなくなる。

本書は、成功事例やノウハウ本ではない。自社の経営をゼロから考えるためのものだ。他社のノウハウを導入するのと違って、自分で戦略を考えていくことは骨の折れる話だが、その取り組みが工務店を強くすると考えている。

住宅業界を取り巻く環境は年々厳しくなっている。少子高齢化による住宅市場の縮小は避けられないところに、建材・住設の価格高騰、大工・職人不足が重なる。全国に空き家が増えているにも関わらず、首都圏は勿論のこと、地方の主要都市部でも宅地不足で土地の価格が上がっている。特に注文住宅市場は厳しい。年々、新設住宅着工戸数に占める戸建分譲住宅の比率が高くなっている。相対的に高コストの注文住宅は、一般世帯では建てられない「贅沢品」になりつつある。注文住宅に見切りをつけ、新たなビジネスを模索する工務店も少なくない。

確かに近年は、既存のビジネスとは全く違うアイデアやビジネスモデルが生まれている。住宅業界を見ても、新しい技術やビジネスがいくつもある。ＢＩＭや３Ｄプリンター住宅、生成ＡＩによるプラン提案、施工管理アプリ、住宅ローン業務代行等々。それらのビジネスにおいては、既存の住宅事業とは違う戦略、最新の経営理論が必要とされている。

先進的なビジネスは、得てして既存の秩序を破壊するものだ。家を個人で所有する・賃借するということ自体に疑問を持つ世代が新たなビジネスをつくる可能性がある。

しかし、住宅事業に限れば、目新しい経営理論に左右されない方が良い。経営幹部が

「我が社は、家を建てるべきか?」などと考え始めると、工務店は立ち行かなくなる。一般的な注文住宅における「集客・商談・設計・施工・引渡」の流れにおいて、最新の経営理論は必要ない。それよりも、基礎的な経営戦略を理解している方が大切だ。王道の経営戦略の上に、最新のマーケティングや技術を取り入れることで、十分に他社と差別化することができる。

この本は、私が工務店の経営幹部向けの研修で使用している資料の一部を書籍化したものである。工務店の経営幹部に最低限必要とされる基礎知識を、「SMASH」という形でまとめてある。

SMASHは、Strategy（戦略）、Marketing（マーケティング）、Accounting（会計）、Scenario（シナリオ）、Human capital（人的資本）の頭文字を取ったものであり、これまでの経営コンサルティングの経験から、成長する工務店が備えている経営の要諦である。経営幹部の研修資料としてだけでなく、工務店経営の実践にも活用してもらいたい。

しかしながら、研修資料が基になっていることもあり、教科書的な話が多くなる。息抜きのために所々に経営相談事例を挟んでおいた。ぜひ、工務店の社長・経営幹部・管理職を目指す人に、読んでもらいたい。

※本書は、主に注文住宅を手掛ける工務店の経営者・経営幹部、ハウスメーカーや住宅会社の社員を対象としているが、工務店・住宅会社・ハウスメーカー・ビルダーなど企業を表す時は、一部を除いて便宜上「工務店」としている。

第6章 Human capital 人的資本 265

SMASH 1

工務店経営、失敗する方法7選

工務店経営を成功させるためには、何をすれば良いのか。当然ながら、絶対に成功する方法というものはない。成功する場合は自社の力だけでなく時の運が関係していることがあるからだ。

しかし、「勝ちに不思議の勝ちあり、負けに不思議の負けなし」というように、失敗する場合は理由がはっきりしている。よくある失敗事例を知ることで、それらを未然に防ぐことができる。本書を進めるにあたり、まずは工務店が失敗する方法7選をご紹介する。

1. 宅地分譲

業績が良い時ほどハマりやすいのが宅地分譲だ。注文住宅を手掛ける会社は、ある程度資金に余裕が出てくると宅地分譲をしたくなる。良い場所に土地があった方が売りやすいのは当然だ。会社の規模拡大に合わせて徐々に開発規模を大きくしていくのは良いが、失敗する会社は、突然身の丈に合わない宅地開発を行ってしまう。

毎年受注棟数が伸びていると、どこからともなく「良い土地の話」が湧いてくる。「100区画の宅地にできる土地が売りに出ている。今年は30棟、来年は50棟が見えているから、100区画なら2年で売り切れるだろう……」なんて上手くはいかない。

融資を受け土地を購入したものの、役所との折衝に時間が掛かり、開発行為が遅れて販売開始が購入から1年後とでもなると、その間会社の資金が寝てしまう。大型の投資をしたために、他のエリアで良い土地案件があっても購入資金がない。そもそも注文住宅で施主のニーズに合わせた場所に建築していたのに、一箇所に集約して建てさせる力があるのか。

また購入検討時の想定よりも開発費用が増えることも多く、土地の価格を周辺相場と合わせると、土地自体の利益がなくなるなんてことも起こりうる。1棟でも売れ残れば赤字だ。

何よりも多額の資金が土地に眠り、財務の機動力がなくなることがリスクだ。完売までの間に受注が落ち込むようなことがあると、一気に資金難に陥る。

2. スーパー営業社員

受注が急に落ち込む要素の1つはスーパー営業社員だ。1人で年間数十棟も受注するような優秀な営業社員は頼りになる。特に創業間もない頃は、会社を軌道に乗せるための起爆剤となってくれる。

しかし、スーパー営業社員だけに頼るのはリスクが高い。会社受注の多くをスーパー営業社員に頼っていると、周りの社員も社長も遠慮し始める。ナンバーワンであることで嵩にかかって横柄な態度をとり、高額な年収を要求する者も出てくる。

スーパー営業社員はつくらない方が良い、チームで平均的に受注できる体制が望ましいとは頭で分かっていても、いざという時に力業でも受注をとれる人材は捨てがたい。

だが、スーパー営業社員はそのうちに居なくなる。他社から高給でスカウトされたり、社内で揉めたりして辞めることになる。そして辞めて初めて、優良な見込客を独占していたことやオーバーローン、施主とのクレームを抱えていたことが明るみに出るものだ。

3．無謀な拡大

自社土地が豊富にあって、スーパー営業社員が受注を伸ばし、社内が活気づいている時は、無謀な支店展開をしがちだ。

店舗拡大には、当然ながら資金が必要になる。店舗費用、増加する社員の給与、商圏拡大による広告費等々、店舗数を増やすほど管理部門にも人数を割くことになり、効率が落ちていく。

人材の不足も顕著だ。支店長になる人材は一朝一夕には育たない。ある程度のレベルの社員を中途採用することになると、文化の違う社員が増えてきて、支店ごとに好き勝手をやり始める。

支店急拡大は受注棟数を伸ばすが、クレームや社内不和も大きく伸ばす。それをまとめきる胆力が経営者になければ、自ら破滅を招くことになりかねない。

現在の商圏規模が大きいのであれば、1店舗で運営した方が効率は良い。完成見学会や建売モデルで回せば、支店を持たなくても数百棟はできる。

商圏が小さく、棟数を伸ばすために支店を出さねばならない場合も、最初は同規模の街に出店した方が良い。その方が成功体験を横展開できるからだ。田舎で成功したからと一足飛びで都市部に出店すると、過去の成功体験が生きず、広告費の規模の違いで何もできずに店舗を畳むことになる。

4. 過剰な自社ビル

見込客との商談、施主との打ち合わせや採用活動においては、清潔なオフィスは必要不可欠だが、社長室や施主向けではない応接室などは過剰に立派である必要はない。そこから利益は生まれないからだ。

身の丈に合っていない自社ビルを建てたがる社長は、現場から離れる傾向がある。現場から離れて、セミナー講師をしたり、工務店仲間との会合に全国を飛び回ったりしているうちに、立派な自社ビルが欲しくなるのだろう。

利益を生まない見せかけの部分にお金をかけ、普段会社にいない社長室だけが立派で、社員の働く事務所スペースは狭いなんてことになっていないだろうか。

5．数字を見ない

無謀な拡大や過剰な自社ビルを建ててしまう経営者に共通するのは、数字を見ないことだ。見たくないのか、見ても分からないのか。

会社経営は最終的には決算書という数字で良し悪しが判断される。数字を見ることを苦手としていると、知らない間に会社が傾きかねない。

ある工務店の社長は、年100棟規模になっても、協力業者から届く請求書に目を通していた。請求書の中身を見て、変な請求がないか、どの会社と取引が多いのか等々を確認していた。現場を見ていれば、現場の状況と請求書に何か違和感があることを書面からでも気づくことができる。

見るべき数字は、最終的にできあがった決算書だけではない。そこに至るまでの数字も大事だ。集客単価、商談率、成約率、打ち合わせ回数、工期、外注請求書、クレーム数、有給取得率等々、会社に大きな問題が起きる前に、どこかで変調を来たしている筈だ。数字で判断できれば、大事になる前に対策ができる。

6. 他社の成功を真似する

社外活動が盛んな経営者は、他社の成功事例を真似する。当たり前だが、他社のノウハウなのだから、商圏の状況、競合他社、社員の資質などが違えば、そのまま自社に流用しても成功しない。

他社の成功事例を取り入れて成功している会社は、自社の社員に合わせてノウハウを加工し整理することに長けている。それは、社長自らが社員と一緒に学び、試行錯誤しながらノウハウを導入した経験や学習態度が会社に根付いているからだ。

失敗する社長は、他社で成功したノウハウを表面上だけ借りてきて、自社の社員に丸投げする。当然ながら上手くいかないので、また別のノウハウを持ってきて丸投げする。それを繰り返すうちに、社内では「また始まったよ。社長の新しいもの好きが」となり、誰も真剣に取り組まなくなる。

7. 立派な経理を雇う

上述のような失敗が重なると、会社は立ち行かなくなる。その最後のトドメとなる失敗が、立派な経理を雇うことだ。

経営に黄色信号が灯ると、立派な経理・財務担当者を雇いたくなる。大手企業や公認会計士事務所出身者、銀行ＯＢなど、きちんとした会計ができる人を採用して安心したくなるのだが、これが間違いである。

中小企業の経営と大企業の経営は違う。なんでもかんでも上場企業のような会計基準でやる必要はなく、中小企業には適切な曖昧さ（不正ではない）が求められる。株主がオーナー経営者1人なのに、公開企業と同じようにする必要はないのだが、それを理解せずにきれいな決算書を作成して、金融機関から追加融資を受けられずに詰む会社は少なくないのだ。

以上、よくある「失敗する方法7選」を紹介したが、笑い飛ばせる読者が多いことを願うばかりだ。このような失敗を起こさないためには、経営者だけでなく経営幹部も、自社なりの成功の方程式を理解する必要がある。それは、流行りのツールで解決するものではなく、より本質的な経営の根幹にあるものだ。その理解を促進するための方法が本書で紹介するＳＭＡＳＨである。

相談事例 file1

Q.「家は性能」で負けることが多いので性能の高い規格住宅を売り出したいです。

A. 止めましょう。
「家は性能ではない」と言い切りましょう。

ご相談いただいたのは、ローコストほどではないが比較的安価な注文住宅を扱う工務店。1割ぐらいの商談が、「家は性能」を謳う会社と競合するので、自社でも性能の高い商品を販売したい。但し、注文にすると高い性能が出しづらいので、規格住宅にしたい、という相談です。

強い相手と競合した時に、相手の模倣をするのは止めた方が良いです。自ら同じ土俵に上がって闘っても勝てる見込みはなく、自社の強みすら失ってしまいます。

自由設計で「家は性能」を謳う会社に対して、規格住宅で似たような性能と価格に近づけたとしても、施主は元から「家は性能」を謳う会社に決めるでしょう。性能が似たような値でも、その他の要素である知名度やプランの自由度でも劣れば、契約には至りません。

相手の強みと同質化して勝てるのは、ナンバーワン企業だけです。ナンバーワン企業であれば、他社が成功した住宅をそのまま模倣して、大々的に宣伝することで、他社の成功を横取りすることができます。しかし、自社の方が弱い場合は真似をしたところで、劣化版と見られるだけです。

そもそも1割の客層のために、自分達の得意なものを捨てる必要はありません。自社を選んでくれている残り9割が喜んでくれる自社の強みを深化させた方が良いです。

相手が「家は性能」で来るのであれば、劣化版で勝負するのではなく、「家は性能ではない」と言い切った方が、勝ち目があります。性能にこだわり過ぎて、デザインや価格を疎かにすると後悔しますよ、と伝えた方が良い。勿論、最低限の性能は確保した上で。それでも「やっぱり性能が……」というお客様は、諦めた方が良いです。そのお客様は、自社で建てることはないのですから、追客せずに新しい見込みを探した方が健全です。

　それにしても、「家は性能」は見事なフレーミングです。お客様の頭の中に、家は性能が良くなければダメだという思い込みができてしまうと、一定の性能以下の工務店は競合から外れますし、高性能だけれども値段の高い工務店も排除できます。

　ご相談いただいた会社も、既に「家は性能」で勝負しないとダメだと思い込まされているのですから。

工務店経営の要諦ＳＭＡＳＨ

自社を成長軌道に乗せる方法が分からない、自社の経営を改善するために何から手をつけたら良いのか分からない。そんな時に考えて欲しいのが、住宅経営におけるＳＭＡＳＨ（スマッシュ）だ。

ＳＭＡＳＨは、Strategy（戦略）、Marketing（マーケティング）、Accounting（会計）、Scenario（シナリオ）、Human capital（人的資本）の頭文字を取ったもの。これまでの経営コンサルティングの経験から、工務店向けに私が整理したものだ。自社の経営を考えるにも、経営幹部を育成する際にも有効な考え方である。

基本的には、Strategy（戦略）から順番に考えるが、悩んでいる項目から検討し始めて、サイクルを回しても良い。ＳＭＡＳＨは基礎的な事項ばかりであるが、何から考えたら良いか分からなくなっている工務店の経営者・経営幹部に最適な道標となるだろう。

Strategy（戦略）

まずは、Strategy（戦略）について考えよう。自社に戦略と呼べるようなものはあるだろうか。「家を建てない工務店」のように振り切ったビジネスモデルの戦略は別として、注文住宅を専業で行っている工務店であれば、ビジネスモデルに大きな違いはない。モデルハウスまたは完成見学会に集客し、プランを提案し、契約して施工する。

ビジネスモデルに大きな違いがなければ、どこで差別化できるかがポイントとなる。差別化を考える上で必要なのが、戦略の系統だ。系統は「技術系・効率系・密着系」に分類することができる。この3つの系統のどれかに秀でていないと、他社との差別化は難しい。自社の系統を意識して戦略を考えると、お客様に自社のウリを明確に伝えることができ、正しい打ち手を選択できる。

「技術系」では、高品質・高価格な建物を商品として展開することになる。「機能・性能・

デザイン」のどれを究めるかによって見せ方は変わってくるが、技術で差別化することに変わりはない。

「効率系」の商品戦略は「技術系」とは全く異なる。定番のデザインで建物を規格化し、低価格で勝負するスタイルだ。いかに効率的に見込客を集め、短期間で契約し、短工期で終わらせるかが経営のポイントになる。

「密着系」は、個別に対応する社員力、地元との密着度が大切だ。建物自体の良し悪しよりも、地元愛と強い人間関係が基礎となり、その上に建物があるというイメージだ。

自社が何系統かを理解することで、自社がとるべき戦略に一貫性が生まれる。このように戦略（Ｓ）の視点で、自社の経営を振り返るのが、ＳＭＡＳＨの最初になる。

Marketing（マーケティング）

戦略の方向性が定まれば、次はいかに市場にフィットしたマーケティング施策を打ち出せるかを考える。ポイントは、「誰に・何を・どのように」を考えることだ。

最も重視するのは、「誰に」にあたる自社のペルソナだ。

ペルソナとは、企業が提供する製品・サービスにとって最も重要で象徴的な顧客モデルのことを指す。工務店にとっては、最も自社の家づくりに共感して建ててくれる人物像のことである。

このペルソナは、住宅商品を開発する際にも、広告を打つ時にも、接客態度を決める時にも役に立つ。

次に「何を」売るか。設計力を前面に出したデザイン住宅か、性能をウリにした住宅か、コストダウンを徹底した規格住宅か等々。ペルソナのニーズに、フィットする住宅を考える。

最後に「どのように」売るか。マーケティングでは、どのように売るかというテクニックばかりが目立つが、「誰に・何を」からつながる一貫したものが必要である。

Accounting（会計）

集客できて受注が伸びても、利益が出ない、資金が残らないのでは意味がない。経営で大切なのは、利益と資金だ。

売上を伸ばすことは得意でも、お金を残すことが苦手な社長は少なくない。特に営業系出身の社長は、業績が伸びている時は良いが、伸びが止まった時の守りが弱い。

住宅は受注産業であるから、基本的には資金繰りは苦しくない業種だ。受注してから、材料を発注し、着工金・中間金をもらい、引渡し時に残金も全額回収する。支払いのタイミングよりも早く資金回収ができるため、在庫を抱えるような業種とは違って資金繰りは楽な筈だ。しかし、多量の広告費を投下したり、自社地・建売物件を無計画に抱えたりすると資金繰りに窮することになる。

資金繰りも利益も先々を読んで行動すれば、大きな問題になる前に対処できる。そのための方法としては、「利益先行管理表」が最適だ。

利益先行管理表とは、工事一覧表と試算表を組み合わせて、会社の現状と決算までの売上・粗利・営業利益を先行して把握するもの。

考え方は非常に簡単。工事一覧表と試算表の数値の入力により、決算予測を常に先行して把握するだけ。新たなソフトは必要なく、エクセルで十分である。

工務店は工事完成基準を採用することが多いため、月次の試算表では工事が完成するまで売上は計上できなかったが、利益先行管理表では受注した段階で工事売上と原価を完成予想月に計上する。そして販管費を予算通りに1年分計上しておくと、決算の半年前には今期の決算見込みが高い精度で把握できるようになる。半年前、1年前に高い精度で決算予測ができれば、赤字予想でも資金不足でも何らかの手が打てる。

Scenario（シナリオ）

会社の業績が低迷したり、成長率が鈍化していたりする時、社長と社員の方向性にズレがあるものだ。社長が急成長を考えているのに、社員が安定成長と品質を重視していれば、社長の思った通りの結果にはならない。また、何年も安定した売上が続いていると、社長自身が何を目指していたのか分からなくなり、はっきりとした目標を見失っていることともある。そんな会社では、当然ながら社員は何を重視すべきか分からない。

　このような場合は、会社としてのビジョンやミッション、パーパスといったものを考えることが必要だ。当社はどこを目指しているのか、社長も社員も同じ方向に進めるように大きな「物語」が要る。

　企業である以上、数値の目標も必要だが、社員やお客様が共感するような物語が必要だ。社長が「私の個人所得を増やすために売上を１００億円にしたい」と言って、共感してくれる社員もお客様もいないだろう。

　共感できる物語のゴールに向けて、どのようなルートで辿り着けるかを考えて手を打つ方法を考える。それが、シナリオである。当然ながら、変化しているのは自社だけではない。自社と外部環境、競合を考えながら「最高のシナリオ・最低のシナリオ」を考えておくことで、攻めと守りを考えた成長ができる。

　なお、シナリオ・プランニングという手法がある。シナリオ・プランニングは、中長期的に起こるか起こらないか分からない複数の未来を考えて、それに備えて戦略を立案するものだが、ＳＭＡＳＨにおけるシナリオは、別のものとして考えて欲しい。

Human capital（人的資本）

戦略や仕組みができれば、あとはそれを動かす人材の問題だ。

近年、注目キーワードの1つが「人的資本経営」だ。人材を「資本」と捉え投資の対象とし、企業価値を高めていく経営手法を指す。

中小企業においては、最初から優秀な人材は入社してこない。育成する会社の考え方次第で、活躍する人材にもなり、不要な人材にもなる。社長の熱意が必要な分野だ。

どんなに立派な経営戦略や経営計画も、実行する人材がいなければ、絵に描いた餅である。社員をどのように育成し、成長する組織にしていけるかが成功のカギであることは、誰しも実感していることだろう。

SMASHを回す

工務店におけるSMASHは、どこから検討を始めても良い。小規模な工務店であれば、最初はHuman capital（人的資本）かも知れない。設計に強い社員がいたから設計が前面に出る営業スタイルの会社になったり、エンジニア気質の社員がいたから性能を追求した住宅を目指したり。中小企業では「戦略は組織に従う」ことも少なくない。社内の人材（Ｈ）から戦略（Ｓ）を構築して、ＳＭＡＳＨを回すこともあるだろう。

外部環境は常に変化している。ＳＭＡＳＨを何度も回転させて考えを調整していくことで、市場にフィットし、継続して成長できる企業になる。

次章から、ＳＭＡＳＨの各項目について具体的に説明しよう。

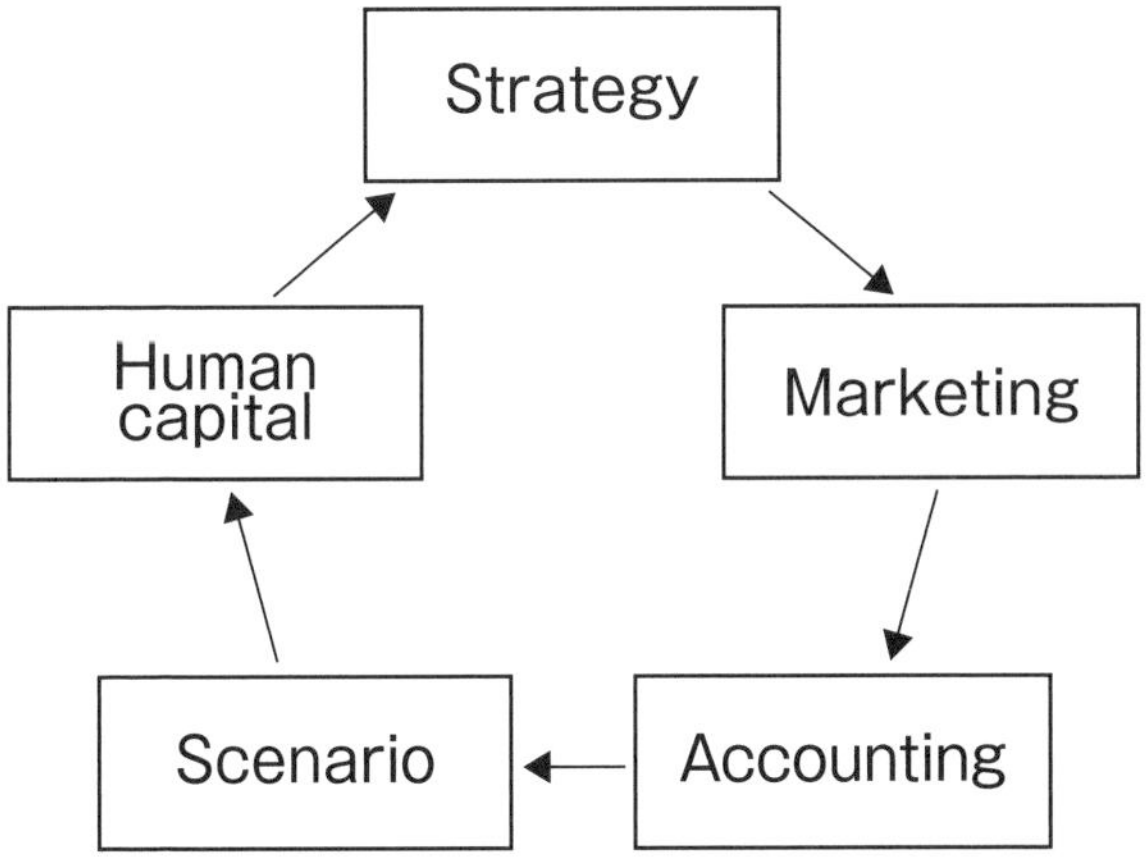

Q. 最近の日本の政治を見ていると情けなくなります。
災害対策、経済対策もまともにできない日本の政治は
どうなっているのでしょうか！

A. ぜひ、町議会議員に立候補なさってください。

これまで数多くの社長を見てきましたが、政治に詳しく、国を憂いている社長が率いている会社で、成長している会社を見たことがありません。

憂国の士は、成長の必要のない成熟した会社の二代目社長か、儲からない自社の現状から逃避している社長のどちらかです。

確かに昨今の政治の酷さ、与野党を問わずレベルの低い議論や、偏向報道を続けるマスコミにも、ひとこと言いたい方も多いことでしょう。

しかし、国を憂いたところで会社の業績は上がりません。むしろ社長の考えるリソースを、どうでも良い政治に割く分だけ業績は下向きになります。

あなたが経団連の会長であれば、ぜひ日本全体の政治・経済について考えてください。（省庁と打ち合わせ済みの）経団連の提言が、そのまま国の施策につながるのですから、国を憂うことは経団連の会長にとっては、重要な仕事です。しかし、そうでないのであれば、考えても仕方ありません。

政治に限らず、解決できないことを考えるのは無駄です。国を憂うのではなく、今ある外部環境を前提として、自社のビジネスにどのように影響するのか。時代の流れを活かすにはどうしたら良いかと考える姿勢が経営者には求められています。

そんなことを言われなくても、急成長中の社長であれば、下らない政治になど構っている暇はないと思いますが。

　それでも、日本を今一度せんたくしたいという憂国の士は、まず町議会議員に立候補するところから始めてみましょう。

2
Strategy
戦　略

戦略の系統

あなたの会社は何系？

最近行った床屋・美容室を思い出して欲しい。なぜ、他の店ではなく、その店を選んだのだろうか。そこに自社の戦略を考える上でのヒントがある。

戦略を考える際に、自社が「何系」であるかは重要なポイントだ。自社の系統を意識して戦略を考えると、お客様に自社のウリを明確に伝えることができ、正しい打ち手を選択できる。

系統とは他社との差別化を考える際の軸となるもので、「技術系」「効率系」「密着系」の3系統に企業を分類できる。

この３系統を分かりやすく理解するために、あなたが最近行った床屋・美容室を思い出してもらったのだが、いかがだろうか。

「いつも行っているから」「早いから」「腕がいいから」「コンテストで優勝した美容師がいるから」「安いから」など様々な理由が挙がるだろう。

それらを選んだ理由は、①腕の良い店だから（技術系）、②早くて安い店だから（効率系）、③馴染みの店だから（密着系）、という３つの系統のいずれかに分類できる。

これは、あなたがお客様の立場で選んだ理由であるが、店側の立場から見ると戦略の系統となっている。

「技術系」の店は、常にコンテストに参加したり、特殊な白髪染めの特許を持っていたり、技術力があることをアピールすることで他社との差別化を図っている。有名な美容師がいる店などが該当し、一般に高単価である。

「効率系」の店は、会話を含めて無駄なものを一切排除し、客数を捌くことを重要視する。10分千円台など低価格路線の床屋チェーン店が全国にあるだろう。

「密着系」の店は、顧客との関係づくりが重要であり、「いつもの感じでお願い」という要望に応えられる親密さが肝である。住宅街にある個人営業の店などが該当する。

それぞれの「系」によって、採るべき戦略は変わってくる。広告、店舗の雰囲気、スタッフの対応、提供する技術など、店に関わる全てのことが、一貫して自社の系統からブレない店は強い。

逆に、自分たちが持つ「系」とは相容れないことをする店は迷走しがちだ。例えば、早くて評判の「効率系」の店が、急に肩もみや耳掃除など手厚いサービスを行うようなことだ。そのサービス自体は良いことのように思えても、安さとスピードを期待してきた客にとっては迷惑であるし、1時間あたりの売上高（回転数）も落ちる。それらの手厚いサービスは「密着系」の店が行ってこそ価値のあることである。高級家具を会員制で販売する「密着系」の家具販売店が、「効率系」の代表格であるＳＰＡ（製造小売業）のニトリを真似て転落の道を辿った話などが思いつくだろう。

理美容や家具の例を挙げて戦略の系統を説明してきたが、この3系統は、どの業種でも当てはまる。無論、住宅業界においても同様だ。

工務店の系統

前述の分類方法で、住宅業界を見るといかがだろうか。

「技術系」では、独自の工法・素材・耐震技術を開発する工務店、デザイン能力の高さで勝負する設計事務所などが挙げられる。この場合、広告や販促ツールにおいても自社の技術面での優位性をアピールすることになる。

「効率系」は、ローコスト住宅や規格住宅、建売住宅が該当する。効率系は低価格であることが求められるため、徹底した効率経営の考えが必要である。

「密着系」は、古き良き地元工務店と住宅事業をサービス業と捉える企業が該当する。

戦略の系統

	技術系	効率系	密着系
ヒト	技術にこだわる人材 品質やデザインに 意欲	人件費の安い新人 建物にこだわらない 人材	明るい社風、 楽しい雰囲気 高い社員満足度
モノ	独自工法 高いデザイン・技術	万人受けする デザイン 規格住宅、建売	個別対応 現場での細やかな 変更
カネ	技術力や研究意欲 を高める研修に 投資	誰でもできる マニュアル 効率化ツールに投資	サービスレベルの 向上につながる 設備・研修に投資

住宅業界における「技術系」「効率系」「密着系」が、それぞれ採るべき戦略は異なる。これから住宅、人材・投資について解説するので、自社が何系かを意識しながら読み進めてもらいたい。

技術系が建てる住宅

「技術系」では、高品質・高価格な住宅を商品として展開することになる。「機能・性能・デザイン」のうち、どれを究めるかで会社の雰囲気は異なるが、自社の技術・開発力の向上により他社との差別化を図るという方針は同じである。

何かを究めている「技術系」として存在を認められると、業界内でも一目置かれる立場となり、一般にもブランドとして認知される。

ただし、断熱や気密に関する技術が企業間で大差ない（と思われている）現状では、余程卓越した技術・開発力を持たなければ、「機能・性能」を前面に打ち出した「技術系」としての差別化は難しい。これから「技術系」を差別化の軸とするならば、一般にも「分かりやすい」技術を目指すか、「デザイン」を究めることが生き残りの鍵であろう。

因みに「技術系」が、なぜ高価格なのかと言えば、理由は３つ。１つ目は、他社にない独自の技術・デザイン故に高価格でも購入する顧客がいるから。２つ目は、技術研究に費やした開発費を回収する必要があるから。３つ目は、高い技術を持つ社員の人件費、高価な素材のコストが嵩むからである。このような「技術系」の企業体質であるにも関わらず、低価格の商品展開をすると赤字になる。残念ながら、技術系の真面目な社長ほど採算割れに苦しんでいるのが現状だ。良いものは高く売らねばならない。

効率系が建てる住宅

「効率系」の商品戦略は「技術系」とは全く異なる。定番のデザインで住宅を規格化し、低価格で勝負するスタイルだ。

いかに効率的に見込客を集め、短期間で契約し、短工期で終わらせるかが経営のポイントである。当然ながら、新たな技術を自社で開発したり、お洒落だが万人受けはしないデザインの家を建てたりすることはない、というよりもしてはならない。研究開発に掛けた費用を回収できるだけの高価格で販売できる見込みはなく、また、コストダウンのために一定の棟数を必要とするのだから万人受けしないデザインでも困るのである。

お気づきの通り「効率系」は、突き詰めると建売住宅になる。大規模な土地を安く仕入れて整形し、規格化した住宅を同時期にまとめて建てるのが最も効率が良い。

なお、「効率系」のローコスト住宅を志向しながら「顧客のために」と、施主の要望を細かく聴いて効率を落として苦しい経営に陥っている企業も少なくない。間取り変更を受け付けたり、コンセントの位置を変更したり、施主支給の建材を認めたりしていては、効率は下がる一方だ。施主の要望を細かく聴いてあげたいならば、「効率系」を差別化の軸にするのを止めるべきだ。耳掃除をする効率系の床屋の例と同様に、本質的には顧客のためにはなっていないのだから。

密着系が建てる住宅

「密着系」は、個別に対応する社員力こそが命綱であり、住宅自体は「技術系」と「効率系」の間に位置する。

集客段階では、ＯＢ紹介や工務店のゆるいイベントでお客様とつながり、商談段階では、濃密な人間関係をベースに聴きだしたプライベートな情報を基に、それを知らない他社には真似できないプランを提案。現場では、大工が施主の要望を聴きながら細かな変更を行い、ちょっとした棚をサービスするなどといった個別対応ができる建物である。「密着系」では、強い人間関係が基礎となり、その上に建物があるというイメージだ。

なお、現場での細かな変更やサービスなどは、「個客」として対応できている場合に限る。施主の性格を個別に把握できていないと、場合によっては、良かれと思ったサービスが思わぬクレームを生むこともある。付け焼刃の「密着系」は止めておいた方が無難であることを申し添えておく。

人材・投資

人材面から見ると、「技術系」企業の社員教育は技術力や研究意欲を高めるために行われる。異業種の技術勉強会は勿論、デザインを重視した企業であれば、海外のデザイン視察も必要であろう。「効率系」では人件費の安い新人でも受注できるマニュアルが必須であろうし、いかに受注・工事のスピードを高めるかが課題になる。「密着系」の企業では、社内の楽しい雰囲気や社員満足度、サービスレベルの向上が人材育成のテーマとなる。

このように、人材に対する考え方も「系」によって違う。「効率系」では受注できていた営業社員が、他の「系」では受注できないという話はよくあることだ。

投資に対する姿勢も「系」によって違う。「技術系」は、技術開発や画期的な部材には投資を惜しまないだろうが、「効率系」にとって開発費用などは無駄である。それよりも低価格の汎用品や土地取得に投資すべきである。他方、「密着系」の投資先は場所と人だ。地域住民との接点が増やせる場所、社員やOBとの関係維持への投資がポイントである。

こうした人材や投資に対する姿勢を自社の「系」から意識することで、無駄な人材、投資は減らすことができる。他社で成功している手法だからといって無批判に導入せず、一度立ち止まって、「系」の違う自分の会社で成功するだろうか？と疑うだけで、無駄なノウハウ購入は避けられるだろう。

戦略の一貫性

戦略の系統について解説してきたが、いずれの「系」を目指すにしろ、戦略には一貫性が必要であることを理解して欲しい。

自社が何系なのかも理解しないまま、流行の広告手法やフランチャイズなど、目に付く「良いもの」に飛びつくと、一貫性のない企業になり、お客様からは何がウリなのか見えにくくなる。社員から「社長がまた何か始めたみたいだ。いつも続かないよなぁ」と思われている工務店は要注意である。

前述したような、人材（ヒト）、建物（モノ）、投資（カネ）に対する姿勢を自社の「系」に統一すると、社内の全てのことが一貫した戦略となる。ぜひ、他社の借り物でなく、あなたの会社の系統にあった戦略やノウハウを生み出して欲しい。

相談事例 file3

Q. 他社の成功ノウハウを導入しても、
当社だけうまくいかないのは、なぜでしょうか。

A. 他社の成功ノウハウだからです。

住宅関連のＦＣ（フランチャイズ）や成功ノウハウが、世の中に溢れています。それらを導入したことによって成功する会社もあれば、高いお金だけ払って何の成果も得られないと嘆く社長もいます。

その違いは何でしょうか。使い古された例えではありますが、ＯＳ（基本ソフト）とアプリ（応用ソフト）の関係と同じです。

古いＯＳを載せているパソコンに、最新のアプリを入れても正常に動かないのと同様に、会社の土壌（ＯＳ）が古いまま、最新のノウハウ（アプリ）を入れてみても、成功は覚束ないのです。

アプリ選びも重要です。特別なＯＳでしか動作しないアプリを選んでしまうと、お金が無駄になるだけでなく、他のアプリにも悪影響を与えます。導入前に確認するポイントは、①体系化されているノウハウか、②再現性があるか、③自社ＯＳと相性が良いか、という３つです。

まず、①体系化されているかという点です。他社の成功事例を集めただけでは、体系化されておらず、ノウハウとして自社に導入することは難しいです。成功した会社もあるのか、という程度の参考情報にしかなりません。ＦＣなどパッケージ化されているものか、専任のコンサルタントが付いているものを選びましょう。

次に②再現性があるかという点です。大手工務店が不在、土地が安くて豊富、人口増加エリア、スーパー営業社員がいるなど、特殊な条件の下だから成功している場合もあります。他の環境でも再現性があるノウハウなのか、少し疑ってみるぐらいが丁度良いです。

最後に③自社ＯＳと相性が良いかどうかです。ＦＣや成功ノウハウが上手くいかないのは、会社の体質の問題が大きいです。新しいものを積極的に活用していく土壌がない会社では、「また、社長が何か始めたよ」と冷ややかな目で見られるだけです。会社のＯＳを前向きな状態に保っておかないと、どんな良いアプリを入れても機能しません。

社長としては、古く動きの悪いＯＳは全部捨てて、新しいＯＳに総入れ替えしたくなることもあるでしょう。まぁ、そんな時は、社員の側も「他社の成功社長」に入れ替えたいと思っているかも知れませんが。

市場・競合・自社を考える

自社の系統が分かったら、ようやく戦略を考える時である。具体的な戦略を立てるためにも、自社や外部環境を分析する必要がある。

スイートスポット

安定して成長する会社といつも苦しい会社の違いは何か。その大きな違いのひとつは、独自の「スイートスポット」を持っているかどうかである。あなたの会社に、成長を約束する「スイートスポット」はあるだろうか？

いつも苦しい経営を強いられている会社もあれば、なぜか安定した成長を続けている会社もある。その大きな違いをもたらしている原因のひとつは、商売をする場所の違いである。

安定した成長を続けている会社は、自社だけが成長するスイートスポットを見つけている。そのスイートスポットの場所を見つけることができれば、成長のチャンスはある。

スイートスポットというと、ゴルフをする方であれば、クラブヘッドの芯を思い浮かべるであろう。またはテニスのラケットを思い浮かべる方もいるだろう。クラブやラケットのスイートスポットとは、そこに当てることでボールをきれいに飛ばすことができる芯のことを指す。スイートスポットに命中すると、打った時の手に伝わる衝撃も少なくきれいに飛んでいく。

これを経営に例えると、「無理な成長で社内に歪みを起こすことなく、スムーズに成長するエリア」、と言ったらイメージしてもらえるだろうか。

では、自社がスムーズに成長するエリアであるスイートスポットはどこにあるのだろうか。それを探すには、３Ｃ分析が最適である。

3C分析

市場・競合・自社の3つを分析することで、現状分析や戦略立案を行うためのフレームワークを3C分析という。3Cとは、「市場・顧客（Customer）」「競合（Competitor）」「自社（Company）」の頭文字。

市場・顧客分析では、住宅を建てる潜在顧客を把握する。市場規模（年間着工棟数、年齢構成など）や市場の成長性（若い世帯の増加など）、価格帯、世帯年収、求められている住宅の傾向といった観点で分析する。

競合分析では、自社と競合する企業の受注棟数・シェア、ポジショニングや強み・弱みなどを分析する。

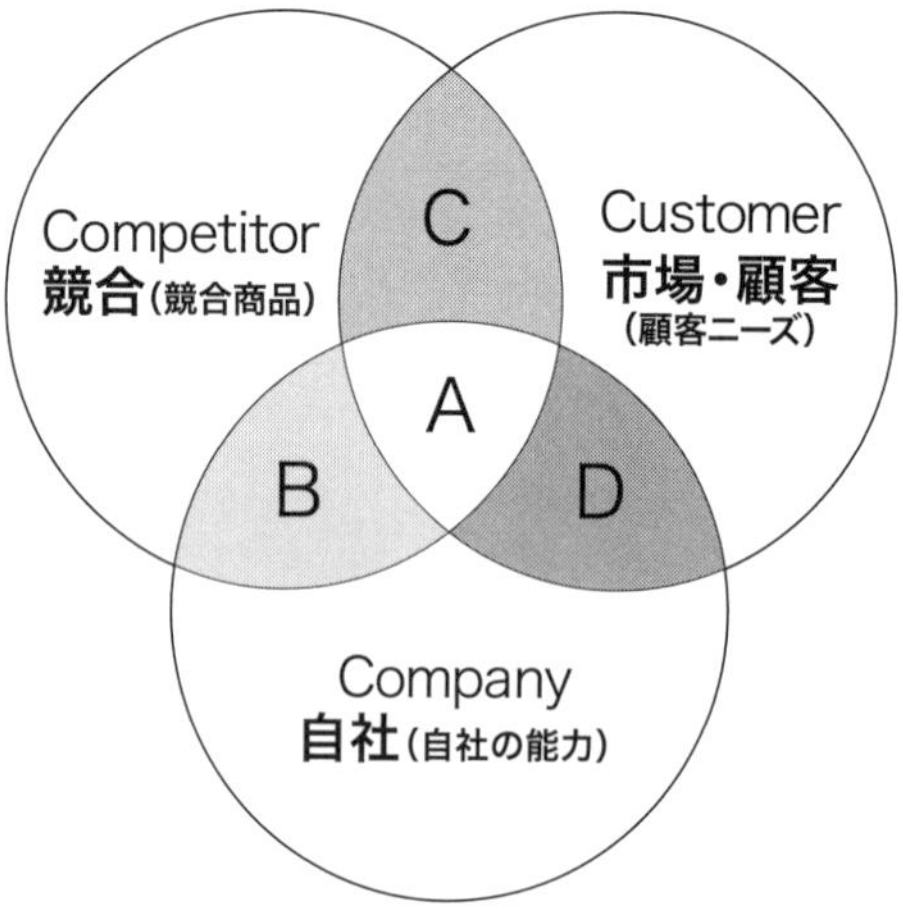

自社分析では、競合分析で行ったのと同様に自社を数値で分析する。更に社内の人的資本、技術力などから自社の強みを確認する。

以上３つのＣについて分析をすることで、自社の置かれている現状が明確に分かるようになり、戦略策定もしやすくなる。

右ページの図は３Ｃを重ねたものであるが、Ａ・Ｂ・Ｃ・Ｄの４つのエリアのうち、どのエリアを攻めるのが良いだろうか。少し考えてみて欲しい。

主戦場での苦悩

Ａは、３つの輪が重なるエリアであり、正に「主戦場」である。施主のニーズもあるが競合も多く、価格競争になりがちなエリアである。施主は、これから家を建てようと考えていることが誰の目にも明白で、来場予約をして完成見学会に出掛けたり、展示場を廻っているような顕在化したニーズを持った人である。当然ながら、あなたがこの施主を見つけた時には、既に他の会社も名簿を確保している。しかも、家に強いこだわりを持っている客層でもないため、あちこちのモデルハウスを渡り歩き競合先を増やし続けている。

この主戦場での戦いは経営資源の乏しい企業には厳しい。数ある競合先から選ばれるためには、大手企業に対抗するだけのブランド力がなくてはならない。運良く相手にされても、相見積や価格競争になれば、高い利益率は期待できない。

この主戦場で、工務店が勝利するには、局地戦に持ち込める経営資源（＝強い営業）があることが絶対条件である。故に、この主戦場から抜け出せない（または主戦場にいることを自覚していない）企業では、受注高は営業担当次第という結果となる。

高い利益率を確保できない「A：主戦場エリア」では、頼りのエース営業に辞められないかと恐れながら経営するか、社長自身がトップ営業担当として走り回る羽目になる。どちらにしても安定した成長が見込める場所ではない。

ニーズ不在エリアの無念

競合と自社の輪が重なるエリアBは「ニーズ不在エリア」である。市場・顧客の輪から離れている＝ニーズがない場所である。

このエリアに該当するのは、住宅業界内では評価が高いのに、一般の人には難解な住宅に取り組んでいる会社である。

このような会社は業界の発展のためには間違いなく必要であり、近い将来には業界標準になるかも知れない技術も持っているが、「今」に限ると市場のニーズから離れている。技術者としては探究したいのだろうが、施主は求めていないということが往々にしてあるものだ。

シーズ（新開発の技術）から発想する商品開発は顧客の求めるニーズから離れがちだ。あなたの会社は「Ｂ：ニーズ不在エリア」で、競合他社との技術競争に偏り過ぎてはいないだろうか。工務店仲間との勉強会で喜々として話しているうちに、会社は沈んでいく。

他社スイートスポットの憧憬

自社の輪が重ならず、市場・顧客と競合が重なっているエリアＣは「他社スイートスポット」である。

同じ商圏の中で、派手な広告を打っている訳でもないのに、何となく気になる成長企業はないだろうか。このエリアは他社が見つけたスイートスポットであり、その会社の強みが最大限に活かせる市場である。

もしあなたの会社がそのエリアでの売上を勝ち取りたいのであれば、ちょっと広告を工夫したり、似たような新商品を出したりするだけではダメだ。あなたの会社には、その市場で顧客のニーズを汲み取れるだけのブランド力も技術も商品もないのだから。中途半端な参入は、出費だけが増える結果になるだろう。

なお、どうしても参入したい場合、注意してもらいたいのはそのエリアの大きさである。エリアのサイズ（顧客ニーズ）が大きいにも関わらず、他社が十二分にニーズを満たしていないのであれば、新規参入する会社にもチャンスがある。しかしそのサイズが小さい場合、Aの主戦場と同じ状態になる。

スイートスポットの発見

最後は、市場・顧客と自社の輪が重なるエリアDである。顧客が求めていることが、自社にしか提供できないエリア。理想のスイートスポットである。

このスイートスポットを確保するには、ブランド力を高め、他社が届かないところにスイートスポットを設けることが求められる。

あなたの会社の商圏にある競合他社を思い出して欲しい。「デザインなら……」「住宅性能なら……」「価格なら……」、それぞれに該当する企業が思いついただろうか。お客様のニーズがある1点を究め、ブランドとして確立することができれば、そのスイートスポットは揺るがないものとなる。

このDのエリアが大きくなるには、３つしか方法はない。１つ目は、市場が大きくなること。２つ目は、自社と市場が重なること。これは時代やニーズの変化に自社がハマる時に起きる。３つ目は、自社ができることを増やして自社の円を拡大することだ。

残念ながら1、2番目は当てにならない。自社ができることは何か、自社の範囲を拡げるためには何が必要かを考えるのが経営者の務めだろう。

具体例：規格住宅を始める

前述した3C分析についてもう少し具体的に説明しておこう。長年、注文住宅を手掛けてきた会社が規格住宅の新ブランドを立ち上げる場合を考える。

【Customer】：まずは自社商圏の市場環境を分析する。住宅着工戸数の推移や戸建住宅の価格、購買層の年収、年齢分布などを大まかに把握する。全てのデータを取得できるわけでもないので、まずは全体像を押さえる。「20代に向けた規格住宅で年間30棟」を目標としていても、実は商圏での20代の着工戸数が年間10棟しかなければ実現は難しい。そこまで極端でなくとも、データを集めてみることで、想像していたイメージと現実のギャップに早い段階で気づけるだろう。

顧客のニーズも整理しておこう。地域によっては、一次取得者層の20代に向けた規格住宅ではなく、定年退職者を狙った平屋の規格住宅の方が適している、もしくは、都心からの移住者向けやセカンドハウスが人気の地域かもしれない。地域によって需要は違う。他地域で成功した工務店の手法をそのまま真似するだけでは、上手くはいかない。

【Competitor】：次に競合の分析である。世の中にない全く新しいサービスや事業を始めるのでない限り、工務店には必ず競合がいる。競合他社がどのような方法で展開しているかは、同じ商圏で勝負する自社にとって大きなヒントとなる。

規格住宅で成功している競合他社があれば、商圏内で何棟着工しているかを見る。複数社あるのであれば、それらを集計した棟数が、現在の規格住宅の市場規模だと推定される。そこから、今後の商圏の人口動態等を加味して、拡大するのか縮小するのかを検討する。縮小すると予想するのであれば、既存で事業を展開している競合他社からシェアを奪うために、勝てる商品が必要となる。

また突出して成功している企業があれば、その成功の理由を探る。規格住宅の商品自体が良いのか、価格が魅力的なのか、プラン数の多さか、広告の見せ方が良いのか、担当営業が良いのか等々。成功の要因を探り、必要に応じて真似をする。

逆に失敗して撤退した企業や上手くいってなさそうな企業の情報も確認しよう。他社が先行して失敗してくれているのであれば、同じ轍を踏まないように、失敗の原因を確認することが有用だ。

【Company】：３Ｃの最後は、自社の分析である。自社を取り巻く外部環境や商圏、競合先を具体的に把握できた後は、自社の内部要因に着目する。自社の強みが発揮できない分野に進出してもなかなか厳しい。

新規事業を立ち上げる資金的な余裕はあるか、規格住宅を得意とする社員がいるか、低コストで建築するノウハウがあるか、商品開発が得意か等々、自社の戦力を冷静に分析しなければならない。

分析の結果、資金はあるが商品開発が苦手だというのであれば、ＦＣ（フランチャイズ）加盟もひとつの手段ではあるが、それは市場や競合をきちんと分析してから判断しよう。ＦＣ加盟自体が目的化して、その後鳴かず飛ばずの工務店も少なくない。

４つ目のＣ

現状を把握して戦略を見直したり、新規事業を立案したりする際、市場・顧客、競合、自社を漏れなく把握するために、３Ｃのフレームワークは有効であることが伝わっただろうか。

余談だが、注文住宅専門の会社が、規格住宅を始める時には、４つ目の「C」にも注意が必要だ。

注文住宅を専門とする会社が、低価格の規格住宅を始めると、その規格住宅が売れるほどに注文住宅の売上が減るという「共喰い」が起きかねない。

あなたの会社を気に入っている施主からすると、同じ会社の住宅なら安い方が良いので、注文から規格住宅に流れる。一応、規格住宅は間取り変更できないことになっていても、施主は変更を希望するものだ。すると、これまで注文住宅を扱ってきた心優しい営業や設計は、ついつい変更を容認してしまう。

結果として、金額が安くて少し変更できる規格住宅が売れ、注文住宅が売れなくなる。売上棟数は同じでも、売上額は減少する。これが、４つ目のCとなるカニバリゼーション(Cannibalization：共喰い）である。

既存事業と類似の新事業や新商品を投入する場合は、４つめのCにも注意しておこう。こちらは第３章でも詳しく解説する。

Q. 最近、経営の勘が鈍くなってきたように感じます。

A. 勘が悪い時は、インプットの質を疑いましょう。

事前の計画やデータが重視されるにつれ、昔ながらのＫＫＤは、批判の対象とされました。ＫＫＤとは、Ｋ（経験)、Ｋ（勘)、Ｄ（度胸）の頭文字です。

社長が思いつくままにＫＫＤだけで意思決定するとなると、何となく博打のような雰囲気です。そのため、データに基づいた経営（データドリブン経営）が必要とされます。

しかしながら、中小企業の経営においては、データドリブン経営は難しいのが実態です。大企業のように経営判断の基になるデータ量が多くないことがその原因です。少ないデータをかき集めるよりは、ＫＫＤで判断した方が速く適切な意思決定になることが多いのです。ＫＫＤの良い点は、たとえ意思決定が間違っていても、間違ったという結論が早く出るため、次の施策に移りやすいことです。データ収集に時間を取られるくらいなら、ＫＫＤで即判断・即実行して、トライアンドエラーを繰り返す方が、成功へと近づきます。

但し、ＫＫＤにも弱点があります。社長の勘が鈍ってくると、ＫＫＤの結論がトンチンカンなものになるのです。更に下手に実行力があると、高スピードで失敗に失敗を重ねることになります。データドリブンと違い、スピードがある分だけ、坂道を転げ落ちるのも速いのです。

最近経営の勘が鈍ってきたという方は、要注意です。ＫＫＤに必要なインプットの質が悪いと勘は鈍ります。生成ＡＩでも同様ですが、基になっているデータが古かったり、間違っていたりすると適切な答えは返って来ません。

ＫＫＤを生み出す社長の頭の中のデータは、更新されていますか。社長が20年前にトップ営業だった頃の知識や経験のままになっていませんか。古いデータでは、ＫＫＤも機能しません。

ＫＫＤに使うデータを更新するためには、社長が現場に出ることです。ＯＢ施主を訪問する、営業に立ち会う、色決めに同席する、施工現場を見る、他県で成功している企業に勉強に行く等々。現場に出ると、思ってもみなかった発見があることでしょう。

自分のＫＫＤを最新の状態に保つために、常に新しい情報をインプットするように心掛けましょう。入力する情報の質が、社長の経営判断、ＫＫＤの質を決めます。

但し、社長が「成功事例１００連発」のようなセミナーばかりインプットして社内に持ち帰ると、社員は疲弊するので、ご注意を。

ＳＷＯＴ－ＶＲＩＯ－Ｐ分析で考える自社の強み

３Ｃ分析を理解できたところで、それぞれの要素を深掘りし、具体的な戦略に落とし込んでいこう。

フレームワーク

３Ｃ分析の中で自社（Company）を考える際に有効なフレームワークが、ＳＷＯＴ分析だ。経営戦略の立案時に、企業の内部環境（強み・弱み）と外部環境（機会・脅威）を整理するのに役立つものである。恐らくほとんどの社会人が、企業研修や社内資料で目にしたことがあるだろう定番フレームワークだ。

ご存じのとおりＳＷＯＴ分析とは、企業内部の強み（Strengths）と弱み（Weaknesses）、企業を取り巻く環境における機会（Opportunities）と脅威（Threats）を整理することにより、戦略の構築に使うものである。

自社の商圏で競争に勝ち残るためには、自社の強みや弱みを適切に把握し、競合する工務店との比較において優位に立てる戦略を打ち出す必要がある。その戦略を検討する際にＳＷＯＴ分析のフレームワークを活用しながら議論をすると、まとめやすくなる。定番フレームワークであることから、社内や社外関係者を交えた議論であっても、共通の認識で進めやすいのも利点の１つだ。

ちなみに、ビジネスにおけるフレームワークは、課題の明確化や解決手法の検討など、様々な問題に対しての戦略立案の際に使われる。ゼロから考えようとすると思考が散漫になり時間がかかる問題を、決められた枠組みの中で手順に沿って進めることで効率的に考えるためにある。但し、あくまで物事を考える際の入り口程度に捉えておいた方が良い。フレームワークを完璧に仕上げようとするのは、逆に時間の無駄になるからだ。

ＳＷＯＴ

ＳＷＯＴ分析の実際の使い方を見てみよう。

企業内部の強み（Strengths）は例えば、デザイン性の高い住宅が建てられる、施工技術が優れている、集客力がある、断熱性能に優れているなど、自社内で強みと思われるものを列挙していく。社内の研修など数名で行うと、各社員が思っている強みが全く違う場合もある。まずは思いつくだけ挙げてみよう。

弱み（Weaknesses）は、知名度が低い、粗利益率が低い、営業力が弱い、技術者が成長していないなど、弱みと思われるものを挙げていく。なお、同じ事象をとっても、見方によって強みにも弱みにもなる場合がある。例えば、全国に拠点展開している場合、エリアカバー率が高い、営業力があるという強みとして見ることもできるが、反対に高コスト体質、支店長の人材育成不足など弱みになる場合もある。ＳＷＯＴ作成時は、無理にどちらか一方に絞ろうとせず、強み弱みの両方に記載しておくと良い。

機会（Opportunities）は、企業を取り巻く外部環境における市場機会となるもの。補助金の拡充、省エネ住宅の普及、商圏人口の増加など、市場拡大の可能性となる自社にとって追い風になるものを列挙する。

脅威（Threats）は、市場縮小の可能性や競争激化の見込みなど。少子化、資材価格の高騰など、向かい風になるものを列挙する。

このように内部環境（強み・弱み）と外部環境（機会・脅威）を整理することで、自社が置かれている位置をざっと把握することができるのがＳＷＯＴの良いところだ。

クロスＳＷＯＴ分析

さて、現状を把握しただけでは、肝心の「それで、どうすべきか」は見えてこない。自社の持つ強みや機会を活かす戦略を考えるためには、もう一歩、分析を進める必要がある。そこで使われるのがクロスＳＷＯＴ分析だ。ＳＷＯＴで出てきた情報を掛け算して、戦略オプションを考えるために使う。

ＳＷＯＴの各要素を掛け合わせると、次の４つの組み合わせになる。

Ｓ×Ｏ（強み×機会）により、強みを最大限に活かしてチャンスを掴む戦略を考える。

W×O（弱み×機会）では、弱みを克服することでチャンスを掴む。

S×T（強み×脅威）は、強みを活かすことで脅威の影響を抑える。

W×T（弱み×脅威）では、弱みと脅威によるマイナスの影響を最小限に抑える、または撤退する方策を考える。

特に重要なのが、S×Oだ。せっかく強みが分かったのなら、ビジネス拡大に活かさない手はない。前述の例では、強み「断熱性能に優れている」と機会「省エネ住宅の普及」を組み合わせて自社が得意な性能分野に特化した住宅を伸ばしていく可能性がないか考える。または、機会「商圏人口の増加」に、強み「デザイン性の高い住宅が建てられる」ことを活かして、若年層向けに尖ったデザイン住宅を連続投入するのが効果的か考えるなど。

SWOT分析の段階で、強みや機会をできるだけ多く抽出しておくと、より多くの戦略の選択肢を探ることができる。自分達では当たり前のことで大した強みだとは思っていなかったことでも、クロス分析で機会と組み合わせると、他社には真似できない戦略が生まれるかもしれない。

このように使い勝手の良いSWOT分析だが、あくまでも現状を整理するためのツールだということを忘れてはならない。機会や脅威などは議論の参加者の感覚に頼ることが多く、漏れが起きやすい。また、ＳＷＯＴの枠を埋めたからといって戦略が構築できるわけではない。社内で自社の状況、立ち位置を整理するためのもので、戦略検討前の準備だと割り切って使うのがオススメだ。

その強みは本物か

　ＳＷＯＴ分析がひと通りできていたら、次に、強みが本物なのかどうかをチェックしよう。「強み」として列挙した経営資源が本物かどうか、その質や競争優位性をＶＲＩＯ分析で

	好影響	悪影響
内部環境	**強み**(Strengths) ・デザイン性の高い住宅が建てられる ・施工技術が優れている ・集客力がある ・断熱性能に優れている	**弱み**(Weaknesses) ・知名度の低さ ・粗利益率が低い ・営業力が弱い ・技術者が成長していない
外部環境	**機会**(Opportunities) ・補助金の拡充 ・省エネ住宅の普及 ・商圏人口の増加	**脅威**(Threats) ・少子化 ・資材価格の高騰 ・感染症の蔓延

明確にする。

ＶＲＩＯ分析では自社の強みを４つの切り口で評価していく。Ｖ（Value）は、自社の持つ経営資源に価値があるか。Ｒ（Rareness）は、自社の持つ経営資源に、希少性があるか。Ｉ（Imitability）は、模倣可能性のことで、自社の持つ経営資源は真似されにくいか否かを見る。Ｏ（Organization）は、自社の持つ経営資源を、最大限に活かすことのできる組織づくりができているかを評価する。

例えば、自社独自の全館空調システムが強みの会社だとする。それが契約の決め手になっているのであれば、Ｖ（価値）はある。似たような全館空調を行っている競合他社が存在しないのであれば、Ｒ（希少性）もある。特許で守られているシステムであれば、Ｉ（模倣可能性）も低い。そして全館空調を提案できる営業組織、高い品質で施工できる体制があれば、Ｏ（組織）としても問題ない。左図のようにＶＲＩＯの視点から、◯×を付けていくと、本当の強みかどうかが整理できる。

左図の「人気の住宅商品がある」という例では、Ｖ（価値）はあるが、他社でも似たような商品があるのでＲ（希少性）はイマイチ。模倣できないほどの独自性もないので、Ｉ（模倣可能性）はバツ。誰でも販売できる商品になっているのであれば、組織としては良

VRIO分析（例）

強　み	Value（価値）	Rareness（希少性）	Imitability（模倣可能性）	Organization（組織）
独自の全館空調システム	○	○	○	○
人気の住宅商品がある	○	△	×	○
施工品質が優れている	○	△	△	○
土地の仕入れ力がある	○	○	○	○
建築士のデザインが人気	○	○	○	×
若手社員が一生懸命	○	×	×	×
⋮				

好。このように、ＳＷＯＴ分析で列挙した強みをＶＲＩＯ分析で深掘りする。その強みは本当に強みなのかと。「○」が４つ並ばなければ、本当の強みとは言えない。社内研修などでこれを行うと、自社の強みが意外とないことに気づいて驚く人も多い。

また、「建築士のデザインが人気」の場合。素晴らしいデザインの家を設計できる建築士は多数いるが、工務店の設計ルールやコストダウンを熟知した上で、施主から指名が入るような社内建築士は貴重だ。価値も希少性もあり、模倣可能性も低いだろう。ただ、１人の社内建築士が特別優秀なだけで、組織としてできあがっていない場合は、退職されると強みを失ってしまう。

このように普段は意識しないリスクに気づくこ

こともある。SWOT-VRIO分析は、簡単に自社の現状を整理できるので、試してみることをオススメする。

強みのポータビリティ

SWOT-VRIO分析は、新たに商圏を拡大する際にも役立つ。それが、SWOT-VRIO-Pだ。売上が順調に伸びていたり、既存エリアでの成長が鈍化し始めたりすると、新しいエリアへと拡大したくなるのは自然の流れだ。後述の分類で言えば「新市場開拓戦略」である。

工務店の場合、隣の市場に進出するのは比較的簡単だ。極端な話、モデルハウスを1棟建てるだけで進出は完了する。後は広告を出して集客し、初期の施工は既存エリアから業者を連れて行けば何とかなる。

進出自体は簡単だが、成功するのは簡単ではない。新エリアに進出したものの年間数棟しか建たずに、サテライトオフィス化している会社も少なくない。その理由は多岐にわたるが、一番大きな要因は「強みのポータビリティ」にある。

ＳＷＯＴ‐ＶＲＩＯ分析により、自社の強みは整理できただろう。新しいエリアに進出するにあたっては、その強みを持ち運べるか否かがポイントになってくる。75ページに載せたＶＲＩＯの表の右側に、Portability（移植性）を追加して検証しよう。強みとして抽出したものが、エリアを拡大する際に持ち運びできる強みか否かである。

例えば、安価な在来木造住宅で成長した某大手工務店は、強い商品を持っていた。これは持ち運びが可能な強みだ。単独展示場1箇所あたり１００〜１５０棟売れる仕組みも強みで、こちらも持ち運び可能だ。ＶＲＩＯ‐Ｐ分析で、全て「〇」が並んだ強みを持てば、全国展開が可能になる。逆にどんなにＶＲＩＯ分析で「〇」が並んだ強みがあっても、ポータビリティに「〇」が付かない場合は、新規エリアへの進出は諦めた方が良い。

例えば次ページの図で全て「〇」が付いた「土地の仕入れ力がある」という強み。その強みが、創業以来の地域での人脈や信用、現商圏内での棟数実績を基にしている場合は、新エリアに持ち運ぶことは困難だ。その強みはないものとして考えねばならない。土地の仕入れ力がなくなっては、今まで通り受注は見込めないからだ。

同じ強みでも、その力の源泉が違う場合もある。例えば「社名の認知度・ブランド」が強みだとする。そのブランドが、現商圏で何十年も続いているということに根差しているのであれば、ポータビリティはない。他の商圏に持って行った時には、他県で数十年の歴史というのは、マイナスはないが大きなプラスにもならない。一方同じブランドでも、マーケティングとして意図的に作り上げられたブランドであれば、ポータビリティがある。その強みは、認知度やブランドそのものではなく、その「ブランドをつくりあげる力」にあるからだ。

自社の強みが持ち運べるか否か、それを見極めることが、新エリアへの進出が成功

VRIO-P分析（例）

強　み	Value（価値）	Rareness（希少性）	Imitability（模倣可能性）	Organization（組織）	Portability（移植性）
独自の全館空調システム	○	○	○	○	?
人気の住宅商品がある	○	△	×	○	?
施工品質が優れている	○	△	△	○	?
土地の仕入れ力がある	○	○	○	○	?
建築士のデザインが人気	○	○	○	×	?
若手社員が一生懸命	○	×	×	×	?
⋮					

する１つ目の鍵となる。

なお、Ｐ（ポータビリティ）のある強みが、社内の誰にでも持ち運びできるようなものなら、独立されないように気をつけた方が良い。

強みを持ち込む先

持ち運べる強みが特定できたなら、次はその強みが受け入れられるエリアかどうかを確認する。これは３Ｃ分析の市場・顧客に当たる。

例えば、北海道の工務店で「高気密高断熱」が最大の強みだとする。設計も職人も揃えており、ポータビリティもあるとしても、他府県では簡単には受け入れられないだろう。それは、高気密高断熱を最優先で求めている施主が少ないからだ。持ち運んだ強みが強みとして機能するためには、その強みを受け入れてくれる市場と顧客があることを考慮しなければならない。

前述の某大手工務店は、東北や北海道へ進出する頃には、勢いを失った。温暖なエリアで培った安価な商品は、そのままでは寒冷地に使えず、地域に合わせてカスタマイズすることで仕様がバラつき、追加の設備により価格も競争力が削がれた。強みにポータビリティがあっても、新しいエリアが受け入れてくれるとは限らない。

更に、競合も確認しておこう。自社が持ち込もうとしている強みを持っている競合はいないだろうか。競合がいるならば、勝てるかどうかを慎重に見ておこう。

同じ強みを持つ競合がない場合も簡単に喜んではいけない。そもそもニーズがないかも知れない。エリアにない商品（強み）があることだけで成功するのであれば、フランチャイズに加盟している企業は全て成功するだろう。


商圏を拡大する際に検討しなければならないＳＷＯＴ分析、ＶＲＩＯ分析とＰ（ポータビリティ）について述べてきた。

工務店では、その時の勢いとか、そのエリア出身の社員がいるからとか、隣町の方が人口が多いからという理由で進出を決めがちだ。進出を決定する前に、自社について冷静に見つめ直す時間をとろう。

なお、これまで新規エリアに進出したことのない企業は財務面でも注意が必要だ。現在の自社の利益率は、１エリア１店舗で経営しているから得られている利益率だ。エリアを拡大すれば、間違いなく経営効率は落ちる。売上は拡大できても、利益率が下がることは認識しておこう。

成長戦略を考える

自社の強みがわかったら、次は新市場へ進出する時に有効な戦略にはどのようなものがあるかを見ていこう。

成長の方向性

経営戦略の有名なフレームワークのひとつに、経営学者のイゴール・アンゾフが提唱した「アンゾフの成長マトリクス」がある。事業の成長を「市場」と「商品」の2軸におき、その2軸をさらに「既存」と「新規」に区分して、その4象限から企業の成長戦略オプションを検討するものである。

中長期的に住宅業界の市場規模が縮小していくことはほぼ確実だ。成長を続けるために、住宅以外のビジネスを新たな収益源に育てようと試行錯誤する工務店も増えている。新たな事業を考える際に、成長マトリクスは分かりやすい。順に説明していこう。

市場浸透戦略

既存の市場で既存の商品・サービスを流通させたい時に行うのが市場浸透戦略だ。現在の市場でいかにシェアを拡げていくかという戦略で、既存顧客への販売量増加と潜在顧客の掘り

商品・サービス

市場		既存	新規
	既存	市場浸透戦略	新商品開発戦略
	新規	新市場開拓戦略	多角化戦略

起こしが中心となる。これは、住宅で言うと地域ナンバーワン戦略に近い。大手企業と肩を並べる価格帯から、ローコストの規格住宅まで、また20~30代の一次取得者層から、50~60代の建て替え層までをカバーする商品構成など、その商圏内で家を建てる客層をカバーする戦略である。

なお、地域ナンバーワンを狙える企業だけではなく、新事業を興す余裕や新たな地域に進出する資金力がない場合にも、まずは徹底して市場浸透を図ることが重要である。

新市場開拓戦略

現在の商品をそのまま、あるいは少し改良して新しい市場に振り向けていこうとする戦略が新市場開拓戦略である。住宅で言うと、既存の住宅ブランドで新たな街に支店を展開する戦略である。多くの市町村で住宅着工戸数が減少してはいるものの、一部には人口構成が若く、着工戸数が伸びている市町村もある。そこに既存の商圏で培った住宅ブランドで支店展開を図る……のだが、なかなか簡単ではない。資金力と商品力が成功の鍵だ。

初めて支店を展開する場合は、社長の想像以上に資金が必要になることを頭に入れておいた方が良い。受注がなくても最低限の人員を置くための人件費、支店経費、モデルハウス、移動交通費……。さらに知名度がない地域では、ある程度集中的に広告を投下しないと支店として立ち上がらない。年１００棟を建てる場合、１拠点１００棟の方が、10拠点各10棟よりも資金は少なくて済む。

また、商品力があることが支店展開では重要である。現在の商圏で売れている理由が、人間力や紹介にある工務店は、新たな地域で苦戦する。

大手ローコストメーカーのように、圧倒的な資金力を背景にした広告展開と分かりやすい商品力があれば、市場開拓戦略は成功する。しかし資金力と商品力が乏しければ、市場開拓で大きな成功を収めることは難しい。

新商品開発戦略

現在の市場シェアを拡大するために新商品の開発・導入を行うのが新商品開発戦略であ

る。この戦略では既存のチャネルと顧客を利用することで販売コストの低減を図る。住宅業界で言うと、ＯＢ客を入り口としたリフォームやリノベーション、中古住宅への展開などである。

なお、非住宅、賃貸マンションやサ高住（サービス付き高齢者向け住宅）なども同じ建築分野ではあるものの、そのターゲットとなる客層は、法人であったり、地主であったりと戸建住宅とは大きく違うため、新商品を新市場に投入する多角化戦略に近い。

住宅市場の縮小に伴い、様々な企業がＣＲＭ（顧客関係管理）の重要性に気づき、ＯＢ客との中長期の関係性構築を意識したビジネスを展開している。ある調査では、引き渡しから10年経過時に、建築した工務店にリフォームを頼める関係にある施主は僅か15％未満という。非常に勿体ないことをしている工務店が多い。全く取引のない見込客よりも、一度家を建てたＯＢ客からの方が、リフォームや建替えを受注しやすくて当然なのだ。クレーム産業などと言い訳をせずに積極的にＯＢ客との関係を構築すべきである。

多角化戦略

新しい商品を新しい市場に投入するのが多角化戦略であり、既存事業とは関連性の低い事業に進出するものになる。工務店が多角化に成功すると、縮小する住宅市場以外での収益源を得られ、リスク分散の効果もある。しかし、多角化戦略は新たな市場に新たな商品を投入するため、成功確率は４つの中で最も低くなる。何となく住宅の延長線上にありそうな家具屋や福祉建築をやりたくなったら、一度立ち止まり、それはラーメン屋を始めるのと同じレベルの多角化であると考えて欲しい。

このように４つに分けて考えた場合、資金が潤沢ではない工務店がとるべき戦略は、新商品開発戦略によりＯＢ客中心のリフォーム事業を強化することだろう。

とはいえ、リフォームなど取り組みやすい事業は、多くの工務店が既に実施済み。そこで、仮に２年間は既存の住宅事業で一定の受注が見込めるのであれば、多角化戦略を実行してみても良い。

１つの事業が成長軌道に乗るまでは、少なくとも１〜３年くらいは掛かる。何か新事業のアイデアがあるならば、土台がしっかりしている時期に取り組むことをオススメする。社長業の良いところは、「酔っぱらいの戯言」で終わりそうな突飛なビジネスアイデアも、比較的簡単に立ち上げることができるところにある。1ヶ月もあれば、会社を設立しWEBサイトを開設して名刺を持って事業をスタートさせることができる。

そのビジネスに可能性があるかないかは、頭の中で考えていても答えは出ない。まずは、一歩を踏み出してみよう。

相談事例 file5

Q.　自社の企画住宅が地元で売れています。評判も良いので全国にフランチャイズ展開したいのですが、何から始めたら良いでしょうか。

A.　何も始めない方が良いでしょう。

売上が順調になると、ＦＣ事業をやりたくなる方が多いようです。確かに自社の住宅が地元商圏で一定程度売れてくると、次の展開としてＦＣ事業はひとつの選択肢ではあります。しかし、たまたま企画住宅が売れたからとＦＣ事業を始めると、忙しいだけで儲かりません。

ＦＣの売りものは何でしょうか？　企画住宅をＦＣ化した場合、ＦＣ加盟工務店に提供できるのは、その企画住宅の図面やパンフレットなどでしょう。他社に売るからには、社長やエース級の人材を投入しないとＦＣ事業は立ち上がりません。稼げる額は、加盟金100～300万円・月額５～10万円で、１社あたり初年度160～420万円ぐらい。その割に加盟店のサポートにかなりの手間が掛かります。エース級の人材が10社の開発・サポートをして稼げる売上は1,600～4,200万円。その人材を今まで通り住宅営業に従事させていれば、売上は月１棟2,500万円で年間３億円、粗利25％で7,500万円になっていた筈です。儲けを考えたら、ＦＣよりも住宅を売る方が良いのです。

一方、売りものが明確な会社はＦＣ事業に向いています。建材会社であれば、加盟店が増えることで建材が売れます。サポート料金は月５万円でも、専用の建材で十分な収益が上がります。他にも独自の耐震金物や空調システムなど、売りたいものがあるからＦＣ事業を行うのです。企画住宅が売れたからＦＣ事業をやろう、ではないのです。

勿論、販売ノウハウのパッケージ化やマーケティングが飛びぬけて上手い工務店もありますので一概には言えませんが、「ＦＣで何を売りたいのか」「それは住宅事業より儲かるのか」は、十分に検討が必要です。社長とエース級の人材がＦＣ事業の立ち上げで全国を駆け回っている間に、本業の住宅事業が悪化することのないように。企画住宅の寿命は、そう長くはありませんので。

競争戦略

最後に、競合（Competitor）に打ち勝つための戦略を見ていこう。

３つの競争戦略

同じ業界内で競合している企業に勝つための戦略が、競争戦略だ。前述のように多角化や市場開拓などにより他社と競争しない戦略もあるが、競争戦略は既存市場内で他社とのシェア争いをする時に有効である。

自社の商圏内に似たような新築住宅の会社がある場合、その企業よりも競争優位に立たなければ自社の受注はない。では、どのような競争戦略を採用すれば良いか。

競争戦略には様々な考え方があるが、マイケル・E・ポーターが提唱した「3つの基本戦略」が有名だ。3つとは、「コスト・リーダーシップ戦略」「差別化戦略」「集中戦略」である。

1．コスト・リーダーシップ戦略

コスト・リーダーシップ戦略とは、幅広い顧客層をターゲットに競合他社よりも安価な商品を販売することで、競争優位を築こうとする戦略である。

工務店の場合、ローコスト住宅や規格住宅として、価格の安さで集客し、建築棟数を増やす。第一次取得者層を中心に、住まいにこだわりのない層、コスパを気にする層、他社の注文住宅ではローンが組めない層なども含め幅広いターゲットをカバーする。

大事なことは単なる安売りではないことだ。コスト・リーダーシップ戦略では、住宅事業にかかるコストを、他の競合企業を下回る水準に引き下げることで、競争優位を確保する。同じ住宅を建てても、他社より安価で利益が残る仕組みがあることが重要なのであるが、新たにローコスト住宅に乗り出そうとする会社は間違いやすい。

例えば、注文住宅で建てていた家をグレードダウンして規格住宅として安く売る場合。会社の仕組みも営業担当も従来と変わらないので、今までより品質が劣り、間取りの自由がきかない家が量産されるだけになる。しかも、規格住宅に特化した体制になっていなければ、いつの間にかプラン変更が増えて原価が上がる。プラン変更できないから安価でできるという前提だったのに、注文住宅に慣れた営業と設計がズルズルとプラン変更を受け入れる。最終的には、安いだけで儲からない注文住宅になる。

コスト・リーダーシップは、「低コスト（低い費用、低い原価）」であって、安売りではない。低コストでできる体制をつくらずに安売りをすれば、利益を減らすか、利益を確保するために工事の手を抜かねばならなくなる。

この戦略をとっている企業には、棟数の規模拡大により仕入れ単価を下げる、間接コストを下げる、規格住宅の専門営業で構成する、海外に自社工場を持ち建材コストを下げる等、低コストでも利益が残る理由がある。

2. 差別化戦略

こちらもコスト・リーダーシップ戦略と同じく幅広いターゲットを対象とする。他の企業が持たない特長を生かすことにより、業界で特別な地位を占める戦略である。

差別化の源泉としては、独自の技術、デザイン、販売手法など様々なものが挙げられる。いずれも単に他と違うというだけでなく、施主にとって価値あるものと認識され、競合他社が簡単に真似できないものが必要だ。

家を建てようとする多くの人が魅力的だと感じる「ブランド」として認知されれば、販売価格が高くても売れる。

注文住宅では、1棟を建てる手間や人手は、販売価格と必ずしも比例しない。同じ社員数でも単価を上げて、売上・利益を伸ばすことは十分に可能である。もちろんそれは競合他社に勝てる差別化要因があればだが。

差別化戦略を採用するにあたり気をつけねばならない点としては、差別化するためのコストが高くなること、差別化し過ぎるとファン層が限られてくることだ。他社とは全く違う独自のポジションを築いても、高くてマニアック過ぎると誰も建てない。

3. 集中戦略

特定の顧客層や市場、流通チャネルなどに集中する戦略。競争する市場を狭く限定することで競争優位を実現しようとするもので、中小規模の企業に向いた戦略である。

地域に根差した工務店と大手ハウスメーカーで比べると分かりやすい。地場工務店が、大手ハウスメーカーの真似をして全国にテレビＣＭを流したところで売上が全国規模になることはないし、それだけの資金投下もできない。同じ土俵で戦わずに、地場に集中するのは当然のことだ。

限られた経営資源が分散しないように地場に特化して、経営資源を集中投入する。広告でいえばテレビＣＭではなく、地域に全戸配布するフリーペーパーや配信地域を限定したＳＮＳ広告など。ネット広告では全国一律ではなく、地元に限定し、地元の言葉で広告文を出す。地場に特化することにより、その限定した市場においては競争相手より経営資源の厚みがつくようにして、競争優位を実現する。地域の集中だけでなく、ニーズの集中もある。パッシブハウスに集中したり、独自のデザインに集中したりすることでも競争優位を目指すことができる。

集中戦略では、狭い市場分野で無駄を排除し効率化を図る「コスト集中戦略」と、限定した顧客の特殊なニーズに徹底的に対応することで差別化を図る「差別化集中戦略」がある。

3つの競争戦略を挙げたが、中小の工務店が採り得る戦略としては、まずは集中戦略。その上で自社には、低コスト体質が向いているか、差別化した高級路線でいくべきかを検討しよう。

地位に応じた戦略

競争戦略とは別にその地位に着目した競争地位別戦略もある。それが業界でのシェアの大きさに着目して企業を4つに類型化し、それぞれの地位に応じた戦略を立てることを提唱した競争戦略理論で、米国の経営学者フィリップ・コトラーが提唱した。

シェアによって企業をリーダー、チャレンジャー、ニッチャー、フォロワーの4つに分ける。

「リーダー」は、最大のマーケットシェアを持ち、業界を牽引する主導的立場にある企業。自社のシェアを維持、増大させるだけでなく、市場全体を拡大させることが戦略目標となる。

「チャレンジャー」は、業界で2、3番手に位置する企業。リーダーに挑戦しトップを狙う。攻撃対象を明確にして、競合他社の弱点をついてシェアを高めることを戦略目標とする。

「ニッチャー」は、シェアは低いがニッチな隙間市場で独自の地位を獲得しようとする企業。商品を限定し専門化することで収益を高めることを戦略目標とする。

「フォロワー」は、2、3番手以下に位置する企業だが、チャレンジャーと違い、業界トップになることを狙わずに競合他社の戦略を模倣する。製品開発コストを抑え、高収益の達成を戦略目標とする。というのが、競争地位別戦略の大まかな説明だ。以降、住宅業界ではどのようになるか見ていこう。

リーダーの戦略

自社の商圏内で注文住宅シェアトップの工務店をイメージして欲しい。

リーダーの基本戦略は、高価格帯からローコスト住宅まで、幅広く全ての施主に対応できるようにする全方位型の戦略になる。得意分野がなくとも、大勢の施主の好みに応えられることがトップを維持するために必要になる。

あなたの会社がリーダーに該当するのであれば、「同質化」を図ることが重要である。他社はシェアナンバーワンの会社と差別化するために、様々な住宅商品を出してくる。低価格の規格住宅、外部建築家と組んだデザイン住宅、コンパクトな平屋等々。リーダーであるあなたの会社は、それにどのように対応するかというと、人気があるものを全て真似するのがベストだ。同じ商品を出せば、他社は差別化できなくなり、規模の大きいリーダーが勝ち残ることになる。住宅商品だけでなく、売り方や見せ方でも同じことだ。他社が差別化してくるなら、真似をして同質化し資金力で勝つ戦略だ。

フランチャイズの加盟においても、リーダーは似たような考えで行動することがある。新しい住宅フランチャイズができると、とりあえず加盟する。加盟することで自社商圏での営業を独占できるから、たとえ1棟も売れなくても競合他社が加盟して棟数を伸ばすことを牽制できるという発想になる。

チャレンジャーの戦略

地域で2、3番手に位置する工務店で、リーダーに挑戦し常にトップの座を狙う企業を指す。シェアの拡大には競合他社への攻撃が不可欠となり、攻撃対象の弱点をつくなどしてシェア獲得を図る。

チャレンジャーは、リーダー企業との差別化で勝負する。前述のように、リーダーに同質化されないものが必要だ。リーダーが全国組織のハウスメーカーなのであれば、地元ならではの売り方や商品によって差別化するのが有効。商圏を細かく分割してみると、地元工務店がハウスメーカーを抑えて着工ランキング上位になっている地域は珍しくない。

リーダーが地元企業の場合は差別化が難しい。そのため、競合した際に大幅値引きをする消耗戦か、優秀な営業担当者の引き抜き合戦など、泥沼にハマることもある。そうならないように、リーダーにできないことを探すしかない。

ニッチャーの戦略

着工数は多くないが、ニッチな領域に特化することで特定の分野において、高い支持を得ている工務店がニッチャーだ。

経営資源の量では、リーダーやチャレンジャーに勝てなくとも、経営資源を特定の領域に集中投下することで、優れた設計・技術力を持つ専門企業として高収益を目指す戦略になる。

パッシブ、自然素材、省エネといった性能面や尖ったデザインなどによって、独自のポジションが地域に認知されれば安定した受注を確保できる。

ニッチャーの場合は、自社の適正棟数を把握することがポイントだ。ニッチな商品が認知され、売れてきた時に色気を出して売上拡大を図ろうとすると、尖った部分がなくなり、よくある工務店になりがちだ。適正な棟数を決めたら、それ以上は受注せずに施主を待たせた方が安定した高収益企業になる。「行列のできる工務店」が目指すべき姿だ。

フォロワーの戦略

チャレンジャーのようにシェア1位を狙う力もなく、ニッチャーのように特定市場での独自性もない工務店。多くはリーダーに追随し、上位企業の模倣により合理的な経営を図る。

自社で商品開発することなく、他社の売れ筋住宅を真似て、少し低価格、低い粗利益率で受注する。似たような工務店が多いので、競合を回避しながら少しずつ独自性を出していく戦略になる。低価格の住宅にならざるを得ないため、低コストでの会社運営が必要になってくる。

このように市場の中の地位によって採るべき戦略は違う。あなたの会社は、地位と戦略が合っているだろうか。自社の戦略を見直してみよう。

Q. ダメ社員が多くて業績が悪いのですが、どうしたら良いですか？

A. 原因はダメ社員ではなく、ダメ社長にあるようです。

自社の業績が厳しい時、何が原因かを調査することでしょう。市場自体が冷え込んでいるのか、住宅ローン減税縮小などの住宅政策の影響といった外部環境の問題なのか、社内の問題なのか。マーケティングが上手くいっていないのか、営業組織か設計の体制か、施工の仕組みが悪いのか等々。時には、行き着く先が人事制度や社員のモチベーションの問題になることもあります。

ヒトの問題に行き着くと、「うちはダメな社員が多い」と言い出す社長も少なくありません。孤独な経営者が、何をやっても上手くいかない時、つい社員のせいにしたくなる気持ちも分からなくはありません。

しかし、優秀な経営者ほど社員が悪いとは言わないものです。優秀な経営者は、自社の社員が優秀で良くやってくれていると語り、ダメな社長ほど社員がダメだと嘆きます。

受注が落ち込んでいる時、営業部の社員を責めるのは簡単です。実際に受注が少ないのですから、営業部としては頭を下げるしかありません。営業部長を厳しく叱責すれば、一時的に上向くかも知れませんが、それは長続きしません。優秀な営業担当者から先に転職していくことでしょう。そして、他に転職できない社員ばかりが残り、余計に業績が悪化してしまいます。

営業部長を選んだのも、できない営業社員を雇ったのも、社長自身です。面接したのは人事部で、社長は面接に立ち会っていなくても、その人事部に面接をやらせたのは社長です。会社内で起こっていることの全ての責任は、社長にあるのです。

できの良くない営業社員しか採れなかったとしても、集客に力を入れる、商品開発を急ぐ、広告費を投下するなど、受注を増やすための施策を決断して即座に実行できるのは社長しかいません。いつまでも業績が上向かないのだとすれば、それは社員がダメなのではなく、社長がダメなのです。

社長は社員が何をしようとも、それは自分の責任であるという態度でなければ社員の信頼を得ることはできません。社長を信頼できない社員は、働く意欲を失い、いくら社長が気合を入れても動かないものです。

3
Marketing
マーケティング

客を絞って成約率を上げる

戻らない来場者

住宅総合展示場の来場者数が戻らない。総合展示場の来場者数の減少は、コロナによる直接的な影響だけでなく、コロナ禍において定着した「来場予約」の影響もあるだろう。単独のモデルハウスや完成見学会の開催においても、来場予約が一般的になった。これにはプラス面もある。見込み度合いに関わらず誰でも彼でも集客していた頃よりも来場者総数は減ったが、無駄な接客も減る。事前に来場予約を受け付けることで、配置する営業担当者の時間を有効に使え、見込み度の高い来場者だけに接客時間を使える。集客の仕組みができていれば、来場予約は有効な手段だ。

来場予約で3万円

しかし、近年は来場予約に対するプレゼントのインフレが起きている。コロナ禍で来場予約が普及し始めた当初は、クオカード3000円程度が相場だった。現在では、地域差もあるが、5000〜1万円が目立つようになり、3万円という工務店もある。

ネット広告の集客単価も上がっている。グーグル広告、フェイスブック、インスタグラム広告を利用する工務店が増加したことにより、近年のネット広告による集客単価が大幅に増加している。以前は、紙媒体（チラシや新聞広告）よりもネット広告の方が、明らかに集客単価が安かったが、現在はネット広告を使う競合他社の増加や来場プレゼントのインフレにより、安価とは言えなくなってきている。

今一度、自社の集客単価の推移を見てもらいたい。数年前と比較して、名簿1件当たりの獲得単価が上がっていることに気づくだろう。

客を絞る

集客が落ち込んでいるからといって、ヒーローショーで大量に集客する時代でもない。見込みの薄い客を集めるのは、時間外労働規制が厳しく、人手も不足する中では、百害あって一利なしである。

集客コストが増大し、人手不足感が強まる昨今、ますます重要になってくるのは「客を絞る」ことだ。

最終的に契約しない見込客に時間を掛けるのは勿体ない。スムーズに契約まで進む客層は、あなたの会社の考え方に少なからず共感してくれている。住宅のデザインや性能、断熱、気密に対する考え方、住宅に掛ける金額や住宅ローンの組み方など、何らか共感する部分があるから契約したはずだ。その工務店の家づくりに対する考え方に一切共感しない人は、そこで家を建てないだろう。価格だけで住宅を選ぶ人も、ローコストで家を提供するという工務店の方針には共感している筈だ。

つまり、共感しない客層を相手にしても仕方がない。共感する客層だけを相手にすれば、効率が良いということだ。

いかに客層を絞るか。インスタグラムやＷＥＢサイトは、その格好の媒体だ。広告費を掛けなくても、ＳＮＳ等で自社の考え方（に沿った画像など）を発信していくことで、自社に共感した客層が集まる（下図）。当然ながら、共感しない客層は減っていくが、いずれにせよ契約にならない客層なので気にすることはない。重要なのは、明確に他社との違いを出せるかどうかだ。違いが明確であれば、共感した客層に提案するのは難しくない。営業も設計も無駄なプラン作成が減り、成約率も上がる。

広く浅く集めるのではなく、狭く深く集客をするために、客を絞ろう。但し、絞り過ぎて誰もいなくならない程度に。

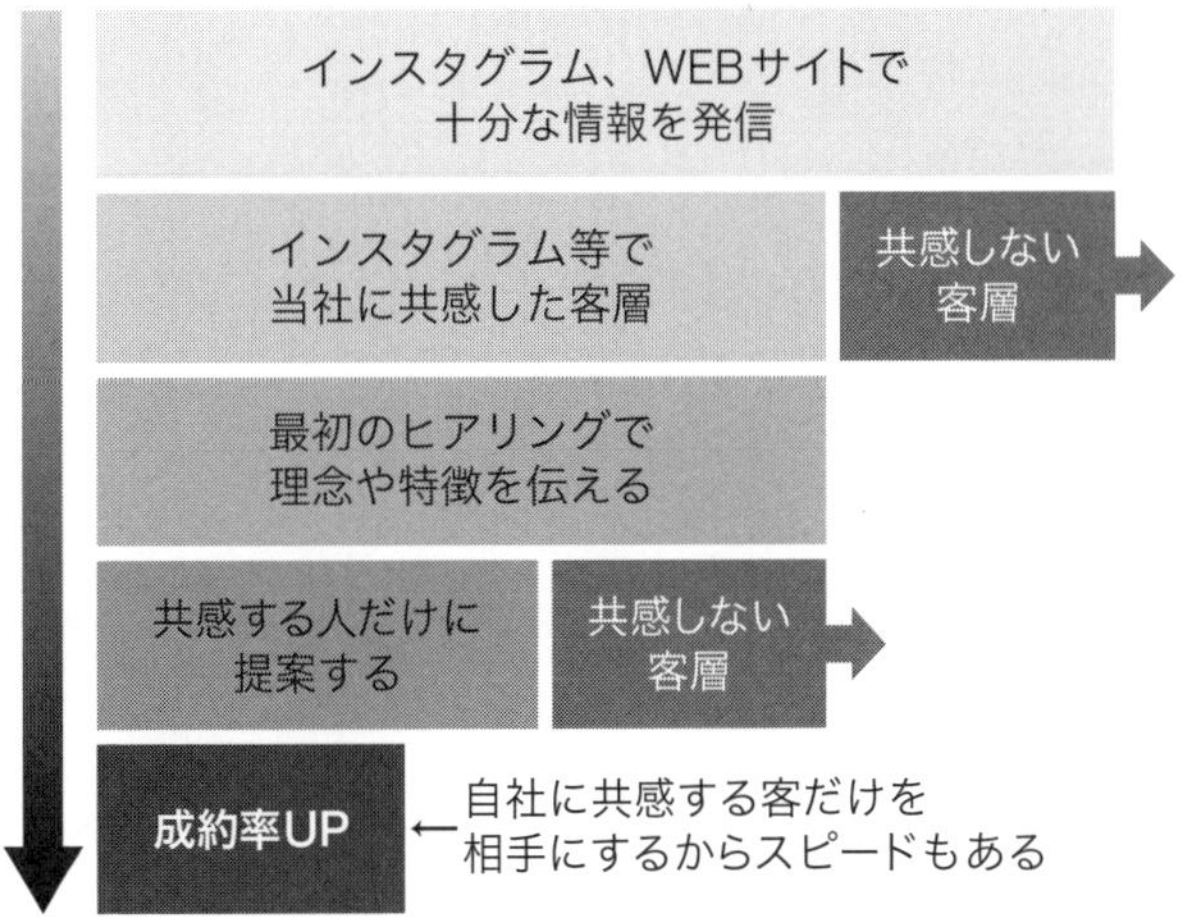

マーケティングの基本

客を絞っていくにあたり、マーケティングの基本をおさらいしてみよう。３Ｃ分析や４Ｐ分析、ＳＴＰ分析などマーケティングに関するフレームワークは多々あるが、最も基本となるのが「誰に・何を・どのように」という考えだ。

まず「誰に」対するマーケティングを行うのかを明確にする。ターゲットとなる市場や顧客を特定し、そのニーズを理解する。

次に「何を」提供するか。顧客が求めている価値や利益を提供する商品やサービスを明確に定義する。これにより、顧客のニーズに合った魅力的な提案を行うことができる。

最後に「どのように」売るか、どのようにマーケティング活動を展開するかを考えるというもの。シンプルだが、意外とできていないものだ。

工務店の場合

一般的な工務店では「誰に・何を・どのように」と意識したことがないかも知れない。「家を建てたい人に・注文住宅を・モデルハウスを通じて」販売するというぐらいだろう。

しかし、何か新しい住宅を企画する時には必要だ。例えば、注文住宅を手掛ける会社が、低価格の規格住宅を始めたいとする。その際の「誰に」が重要だ。自社の注文住宅を気に入ってくれているが予算がない人を対象にするのは、良くある失敗だ。その層を対象とすると、「何を」は、自社の注文住宅の雰囲気をそのままに、小さく規格化し、仕様を少し落として価格を下げた商品になる。そして、「どのように」売るかというと、全く新しいブランドを立ち上げるのではなく、自社の注文住宅を好んで来てくれた見込客に、低価格の規格住宅を提案することになる。

結果として何が起きるか。注文住宅と遜色のない規格住宅が安ければ、多くの客が規格住宅に流れる。第２章で説明した通り自社商品間でカニバリゼーション（共喰い）が起き、年間棟数は変わらなくても、規格住宅の割合が増えることで年間売上は減少する。

注文住宅と共喰いしない程度に仕様を落とした場合は、自社の雰囲気が好きだった客層に見向きもされない。数棟売れるかどうか。そして売れた規格住宅は、自社の注文住宅ブランドの評価を下げるだけの存在になってしまう。

出発点の「誰に」を間違うと、規格住宅が上手くいかないだけでなく、既存の注文住宅も業績が悪化してしまう。規格住宅をやりたいのであれば、「(誰に)全く違うターゲット層に・(何を)注文とかけ離れた住宅を・(どのように)別ブランドの担当者に売らせる」ことだ。

なお、自社の住宅の商品化に慣れていない工務店は、FC(フランチャイズ)に加盟するのもひとつの手だ。

住宅関連のFCは玉石混交ではあるが、多くのFCは「誰に・何を・どのように」がハッキリしている。「自分で比較検討したい層に・シンプルな規格住宅を・スマホで売る」「オリジナルな家を望む層に・中価格帯の注文住宅を・設計士をウリに」「マンションと迷っている層に・四角い規格住宅を・洒落たブランドイメージで」など、様々な切り口がある。

自社の商圏で「誰に・何を・どのように」が合うFCを選べば良い。自社で新規事業を起こす時の参考にもなるだろう。

個客対応

工務店の売上を左右するのは、マーケティングもあるが、最終的には個々の施主に対応する営業担当者の力量次第。年３棟の営業担当もいれば、年30棟を受注する者もいる。工務店の売上は、見込客とFace to Faceで行う営業担当者のアナログな活動に左右される面は否めない。

営業担当者は、見込客の勤務先、年収、現在の家賃、趣味趣向、家づくりの希望、将来の夢まで様々な情報を訊き出し、一人ひとりに最適な提案を行う徹底した「個」客対応を行い、受注につなげている。この個客対応を、より早い段階で、デジタルで行っている工務店が伸びている。

パーソナライズ

個客対応をマーケティングとして考えるとどうなるか。従来の「大衆へ向けた施策（マス・マーケティング）」だけでは十分な効果を得ることができなくなり、パーソナライズドマーケティングの重要性が言われて久しい。

パーソナライズドマーケティングとは、「個客に最適化されたマーケティング」のこと。一人ひとりの属性や嗜好、購買や行動の履歴などに合わせて、最適な情報やサービスを提供するマーケティング手法だ。

営業担当者が行っているような細やかな個客対応を集客段階から行えるのであれば、非常に効果的な手法となる。

個客対応の代表例と言えば、「サザエさん」に出てくる三河屋さんだ。御用聞きとしてサザエさん宅を訪問し、タイミング良く酒や醤油を提案して継続的に受注する。個客のニーズを把握し、適時最適な提案をする営業は強い。

この三河屋的な御用聞き営業をデジタル化したのが、レコメンド機能だ。アマゾンでは20年以上前からレコメンド機能と呼ばれる、検索履歴や購買履歴などを基にオススメ商品を表示する機能を実装している。これにより購入件数が増えたり、購入率を高めたりすることに成功していることは、ご存じの通り。アナログでは対応できる数に限界があった御用聞きを、デジタルにより大多数を相手に実現できるようにしたパーソナライズドマーケティングのひとつだ。

レコメンド機能はＥＣサイトだけではない。世界最大級の動画配信サービスを手掛けるネットフリックスは、ユーザーが過去に選んだり良い評価を付けたりした動画や、同じような趣向を持つユーザーが選んでいる動画を表示させている。これにより、視聴者は何を視聴するかを考えながら検索する手間が省け、自分好みの動画に辿り着くことができる。

あなたのパソコンやスマホには、買いたいと思っていた商品の広告が表示され、ＳＮＳには自分に関心のあるニュースが流れ、タイミング良く欲しい商品のキャンペーンメールが届く。知らず知らずのうちに、パーソナライズドマーケティングの対象になっている。

無論、行き過ぎたデータ活用が反感を買う場合もある。ＷＥＢサイトの行動履歴のプライバシーに関心も高まっており、適切な運用が求められることは言うまでもない。

育成段階から

工務店でのパーソナライズドマーケティングにおける育成段階のデータ蓄積にフォーカ

スしてみる。

例えば、あなたの会社のホームページを見ているAさんが、断熱や気密のページを何度も隈なく見ていれば、Aさんは住宅性能に興味があるだろうと予測できる。Bさんが、特定エリアの土地情報ページばかり見ていれば、そのエリアで土地を探しているのだろうと分かる。Cさんが、南欧風の施工例を何度も見ているのであれば、南欧風のデザインが好みだろうと推測できる。

相手の好みが事前に分かっていれば、Aさんと商談する際は、性能に関する資料を見せるだろうし、Bさんには土地情報、Cさんには南欧風の施工事例集を見せるだろう。好みが分からなければ、初回の商談で様々な質問を投げかけて好みや本音を引き出さねばならないのであるから、事前に知っておくに越したことはない。

例えば土地を探しているBさんには、絞り込んだエリアの土地情報をメールで送る。その際、価格帯の違う土地情報を複数掲載しておく。Bさんが、どのエリアを希望しているのか、どの価格帯を検討しているのかを少しずつ把握していき、より希望に近いエリア・価格帯をレコメンドしていく。アマゾンやネットフリックスと同じように、パーソナライズした提案をして育成しておくことで、実際に商談に入った時に有利になる。

３つのポイント

工務店が育成段階でのパーソナライズドマーケティングを行うには、３つのポイントがある。

１つ目は「好みを知るためのツール化」だ。未だホームページをデザインの好みだけで決定している工務店はないだろうか。「ホームページは自社の情報を発信するもの」という感覚から、「見込客の好みを知るためのツール」だという発想に変えねばならない。自社のホームページに、住宅性能、土地情報、施工事例集がなければ、Ａさん、Ｂさん、Ｃさんの好みを知ることはできない。見込客の好みを知るためには、好みを知ることのできるページ構成にしなければならない。単に自社の住宅性能を掲載しているだけでは、Ａさんがそのページを見たという情報しか分からない。より詳しくＡさんの好みを知るためには、断熱材の比較、気密測定方法、耐震・制震・免震の違い、ＺＥＨの基準、パッシブハウスの長所短所など、Ａさんがどこまで興味があるのかを把握するコンテンツが必要になる。これは顧客の興味把握だけでなく、新規集客という意味でも効果がある施策だ。

２つ目は、ＭＡ（マーケティング・オートメーション）の活用だ。Ａさんが見ているページから好みを把握して、好みに応じたメールを配信し、開封・回帰の状況からレコメンドの精度を高めていくためには、MAは必須のツールである。

MAは、顧客リストを管理し、スコアリング、キャンペーン、メールマーケティングなどの機能を持つツールで、国内外の企業がサービスを提供している。

パーソナライズドマーケティングを実践するには「資料請求した人を見込客リストに加える」「資料請求の3日後にモデルハウスの案内メールを送る」「反応がなければ施工事例集を送る」「関心が高まったら営業がテレアポをする」といった、作業が必要になる。見込客が10人であれば社内で対応できても、何百、何千という見込客に対応するには、外注するか、MAのような自動化するツールが必要だ。

近年、工務店での導入も進んできたMAだが、十分に活用されているとは言い難い。1つ目の「好みを知るためのツール化」と組み合わせて、MAの活用を前提としたホームページが求められる。

3つ目は、SNSやブログで個性を出すことだ。営業スタッフがインスタグラムで自分の好みの画像を投稿する。ブログで自分が熱中していることについて書く。投稿を続けているうちに、だんだん投稿者の個性が見えてきて、気が合う人が寄ってくるようになる。

アナログの信頼構築と同じだ。「この人のことは信頼できる」「この人になら何でも話せる」という信頼関係を築こう。ＳＮＳやブログで、趣味の話でも失敗談でも、将来の夢でも良いから先に自己開示を行おう。自己開示を見た相手は、「これだけオープンなのだから、自分も何か話さないと悪いな」と感じる。その結果、初回面談時に見込客も自分のプライベートを明かしてくれるようになり、今度は「自分はこんなに個人的なことを打ち明けているのだから、私はこの人を信頼しているのだ」という気持ちになっていく。

デジタルで気が合う人を効率的に集めて「個客」として育成し、最後は営業担当者のアナログな活動で受注につなげる。このようにデジタルとアナログを上手に使い分けた工務店が伸びている。まだ、ＭＡを導入していないのであれば、まずはＭＡから「工務店パーソナライズドマーケティング」に挑戦してみてはどうだろうか。

ＤＸは、デジタル化ではない

マーケティングの話からは少し逸れるが、工務店のデジタル化についても説明しておく。住宅業界でもＤＸ（デジタルトランスフォーメーション）の話題が増えてきた。様々な企業が施工管理の効率化や営業ツールのサービスを提供している一方、アナログにこだわる人もいる。いったい何を目指せば良いのだろうか。

経済産業省の定義では、ＤＸは「企業がビジネス環境の激しい変化に対応し、データとデジタル技術を活用して、顧客や社会のニーズを基に、製品やサービス、ビジネスモデルを変革するとともに、業務そのものや、組織、プロセス、企業文化・風土を変革し、競争上の優位性を確立すること」とされている。

非常に分かりづらいが、ＤＸは単にＩＴ化するという話ではないということだ。ＤＸに至るまでのステップとして、「デジタイゼーション」「デジタライゼーション」という言葉がある。

デジタイゼーションは、特定の業務に関するアナログ情報をデジタル化することにより、業務単体で効率化を図るというもの。

例えば製図版で作成していた図面を、ＣＡＤ化するのはデジタイゼーションだ。ツールを使用して設計業務をデジタル化することで、効率化が見込める。

デジタライゼーションは、特定の業務だけでなく、業務プロセス全体をデジタル化して、新たな価値を創造するものを指す。設計業務をＣＡＤからＢＩＭへと移行し、営業段階ではＢＩＭによる３Ｄ動画で提案。ＢＩＭで確認申請を通し、現場ではＢＩＭの画面で詳細を３Ｄで確認しながら施工するようなものだ。

そしてその先にあるデジタルトランスフォーメーションは、ビジネスモデル自体をデジタルなものに変えて、会社全体を変革するものである。

先の例で言えば、社内で蓄積したＢＩＭデータをネット上で公開し、その中から家を建てる人が自らプランを選び、地元の工務店がＢＩＭデータを有償でダウンロードするプラットフォームを立ち上げる、というように、デジタルを用いてこれまでの業界にない仕組みを創造するようなイメージである。

デジタルとアナログ

ＤＸなどと言うと拒否反応を示す人もいる。住宅は現実のアナログの世界であって、デジタルでできているものではないという主張だ。それは、その通り。デジタルかアナログかという二者択一ではなく、両方が必要だ。

表側の対応がデジタルで、裏側の対応もデジタルなら、正確だが冷たい印象になる。例えば、ホームページにチャットボットを付ける。家を建てたい人がチャットで質問すると、決められた選択肢の中から答えが返ってくる。それは迅速だが、何となく冷たく感じ、電話をしたくなる。

表がデジタルで、裏がアナログなら、最悪だ。対応は無機質で冷たく感じ、しかもスピードが遅く、不正確な場合も多い。

表がアナログで裏がデジタルが理想的だ。人と接するところはアナログの良さである。表では個別対応をしつつ、裏ではデータで正確かつスピード対応ができる。

あなたの会社で、15年前に家を建てた人からリフォーム相談の電話があったら、電話を受けた人は正確に対応できるだろうか。

表がアナログで裏もアナログなら、上手に話をして営業担当が既に辞めたことを伝えつつ、何年前に建てた施主かを探りだすことができるだろう。但し、図面はどこにあるか分からないから、訪問して実測して外壁材の品番を探して……となるだろう。

表がアナログで裏がデジタルであれば、電話が掛かってきた時点で電話番号から施主名簿がパソコンの画面上に表示され、新築時の担当者やその後の修繕履歴も分かる。入社したばかりの社員でも落ち着いて対応が可能だ。

世の中がデジタルになればなるほど、アナログの価値は高まる。バックヤードはデジタルで効率化しながら、施主対応はアナログで手厚く。昔から言われるように「ハイテク＆ハイタッチ」が顧客満足度向上に効く。

表側	裏側	印象
デジタル	デジタル	正確だが冷たい
デジタル	アナログ	対応が冷たく、遅い
アナログ	デジタル	好印象かつ正確
アナログ	アナログ	好印象だが、対応が遅い

Q. ＷＥＢからの資料請求が受注につながりません。
どんなツールを使えば良いですか。

A. 訪問してください。そこで嫌な顔をされるなら、
どうせ受注にならない相手です。

ホームページや住宅ポータルサイトからの資料請求が受注につながらない、という相談はよくあります。

資料請求からモデルハウスの来場予約につながれば良いのですが、資料を郵送したものの、その後反応がない、連絡が取れないことが続く場合、どうすれば良いのでしょうか。

その場合は、資料請求が届いた当日、遅くとも翌日に自宅に訪問して、「ありがとうございます」と、にこやかに資料を手渡してください。資料請求をした当日または翌日なら、あなたの会社を確実に覚えています。これが１週間も経つと、どこの工務店に資料請求したか、もしくは資料請求をしたことすら忘れています。

ＷＥＢからの問い合わせに直接訪問したら嫌われるのでは、と不安になるかも知れません。メールや郵送で対応した方が良いのではないかと。

大丈夫です。わざわざ資料を笑顔で届けてくれた人に対して、嫌な顔をする人は、そもそもあなたの会社で契約になりません。仮に受注できてもクレームになる可能性が高いです。

最近は、ポータルサイトから複数の工務店に問い合わせる「一括資料請求」であったり、アフィリエイト（成功報酬型広告）を使用したりして無理やり集めた、家を建てる可能性の薄い資料請求なども増えています。

そんな当社に興味の薄い資料請求に対して、メールや郵送で対応しても次の段階には進みません。見込みの薄い名簿の数だけ増やしても仕方ないのです。

資料請求があれば、直接訪問して御礼を言う、そこで白黒つきます。時給の高いベテラン営業にやらせなくても、新人に教育の一環としてやらせても良いです。

即日訪問をしてみて、あまりに成果がないようであれば、そのポータルサイトからの反響を取得するのを止めた方が良いです。資料請求１件あたり成功報酬で払っているお金が無駄だと分かります。

訪問でなく、資料請求メールが届いてから90秒以内に電話連絡する会社もあります。こちらも同じような発想です。資料請求をしたタイミング（あなたの会社を最も覚えている）で電話を掛けることにより、来場予約につながるか、単なる冷やかしかを判断できます。

資料請求後にステップメール（シナリオによる自動配信）を送る追客ツールもあり、使い方次第で非常に効果があります。

しかし、あくまでもツールです。見込客の姿が見えない中で、ツールだけに頼っても解決はしません。その場合は、即電話するか、直接訪問して見込客の顔を見ましょう。

訪問や電話をして嫌われたところで、失うものは元々受注できなかった名簿１件だけなのですから。

「誰に」を明確にして絞り込む

前項でマーケティングの基本は「誰に・何を・どのように」売るかであると述べた。ここからは「誰に」の部分にフォーカスして説明しよう。

ペルソナデザイン

客層を絞り込んでいくためには、自社がどのような施主に住宅を提供したいのかを明確にすることが必要だ。そこで有用なのがペルソナである。

ペルソナとは、企業が提供する製品・サービスにとって最も重要で象徴的な顧客モデルのことを指す。工務店にとっては、最も自社の家づくりに共感して建ててくれる人物像である。

実際にその人物が実在しているかのように、年齢、性別、職業、年収、趣味、休日の過ごし方、価値観など詳細な情報を設定していき、理想の顧客像をつくりあげる。

例えば、会社のホームページを見直す場合を考える。そのデザインは、誰の意見が通った結果だろうか。社長の好みか、企画部長の判断か、はたまたデザイナーの趣味だろうか。社長の気分で、白色だったものが黒色に変わることもよくある話だ。

そこで、仮に「鈴木一朗」さんというペルソナを設定したとする。すると、そのデザインは鈴木一朗さんにとって魅力的かどうかで判断されることになる。理想の顧客像である鈴木一朗さんの視点が固定されるため、自社の見せ方にブレがなくなる。

ぜひ、ホームページや名刺、会社案内、商品パンフ、見学会チラシなどを机の上に並べてみてもらいたい。それぞれから受ける印象が違うのであれば、それは社内にペルソナという固定された軸がないことが原因だ。

なお、ペルソナと似た言葉に「ターゲット」という言葉もある。自社の顧客像を考えるという点では、ペルソナもターゲットも同じであるが、理想の人物像を深耕して設定するところに違いがある。

ターゲットでは、第一次取得者層、30代の共働きなど、市場をいくつかの軸で区分して、その中から狙うターゲット層を決める。ペルソナは、より踏み込んで実在するかのように、1人の人物像として描き出す。

社内の共通認識ができる

ペルソナをつくることによるメリットの1つ目は、社内の共通認識ができること。前述の通り、広告物などでもペルソナの視点が固定されることで社内に無駄な迷いが生じなくなる。ペルソナが社内の共通言語となれば意思決定は早くなる。

広告物だけではない。施主との接点で常にペルソナの視点が活かせる。電話応対ひとつとっても、ペルソナによって変わってくる。丁寧な対応を好む人もいれば、同じ対応でも慇懃無礼で不快に感じる人もいる。逆に、フランクな話し方が良いと感じる人もいれば、客に対して失礼だと思う人もいるだろう。自社のペルソナが社内で共通認識となっていれば、あらゆる顧客接点で自社のペルソナに合った対応を考えられるようになる。

２つ目は、施主のことを深く理解できるようになること。ターゲット層として、「30代の夫婦」ぐらいの幅で捉えていると効果的なマーケティングはできない。ペルソナをつくりあげていく過程で、施主の行動や価値観などを掘り下げることになるため、より具体的に施主を理解できるようになる。

某ローコスト系工務店では、駐車場に車を止める位置によって、見込度が高いかどうかを決めているという。単独のモデルハウスの駐車場には、駐車スペースとして白線が引いてある。何台も止められる駐車場だ。その工務店では、引いてある白線に真っすぐに駐車する人は相手にしない。白線を跨いだり、曲がって止めたりする人が、契約になりやすいそうだ。白線の枠内にきっちり駐車する人は、デザインにも品質にもうるさいから契約にならない、と。どこまで本当の話なのか分からないが、自社の過去客を観察すると様々な共通点があるのは事実だろう。

なお、モデルハウスや完成見学会に乗ってくる車は、共通点が見出しやすい。営業担当に聞いてみてもらいたい。過去に契約した施主が乗ってきた車種は、かなり似ているのではないだろうか。

メリットの3つ目は、刺さるメッセージを打てること。「30代の夫婦」というターゲットでは、フワっとしたメッセージしか伝えられない。

それよりも、ペルソナが「35歳の同い年の夫婦、1人娘が来年小学校に入学する予定。2人は在宅勤務を選べる会社に勤めている。夫婦の趣味がキャンプで毎週末は……」と設定していた方が、より刺さるメッセージを発信することができるだろう。

ペルソナをつくることで、自分達が誰に喜ばれる家を建てているのかも、明確になる。同時に、誰には建ててもらわなくても良いということも決まる。誰にでも当てはまるけれども誰にも刺さらない総花的なメッセージではなく、深く刺さるメッセージが決まる。

ペルソナのつくり方

定量データやユーザーインタビューなどに基づく定性データなどから、ペルソナ作成の基になる情報を集め、行動や性格などを分析していく、というのが本来のペルソナのつくり方だが、そこまでする必要はない。

過去の施主の中で自分達が一番気持ち良く仕事ができて、大いに喜んでくれた施主を想像して欲しい。その人がペルソナの候補だと考えるのが早い。

難しく考える必要はない。まずは過去に「自分達が良いと思って提供している住宅、その売り方」と「それを良いと思ってくれる、喜んでくれる感覚」の重なり合ったところにペルソナは居る。

社内で自社のペルソナを考える時間をつくると良い。家族構成、年齢、勤務先、年収、現在の住まい（間取り・家賃）、予算、趣味、乗っている車、家での楽しみ、好きな映画、家を建てることで解決すること等々。それぞれが考えた項目を、集めて並べてみよう。

全員のペルソナが似ているようなら、あなたの会社はペルソナデザインが機能している。全く似ていないペルソナばかりになった時は、お互いの認識をすり合わせて、会社で共通のペルソナをつくりあげよう。ペルソナをつくりあげる過程も、施主の気持ちを知ろうとする良い時間になる。

消齢化

ペルソナをつくるにあたり、定量データやインタビューほどは必要ないが、家を建てる層の変化も大雑把には掴んでおいた方が良い。

例えば、「消齢化」は、近年注目を集めている単語だ。簡単に言うと「生活者の意識や好み、価値観などについて、年齢による違いが小さくなる」現象のことで、博報堂生活総合研究所が名づけた。

20年前、30年前と比べて、生活の様々な領域で生活者の意識や好み、価値観などの年代による違いが小さくなっているように感じることはないだろうか。

「若者らしさ」や「年相応」のような、年代や年齢に紐づいた生活者の特徴が徐々に薄らいでいき消えていくと、同研究所は分析する。

同研究所では、生活定点調査を2年に1度実施しており、1992年から2022年までの30年分のデータから、生活者の意識や欲求が長期間でどのように変化したかを分析。左図は、年代による回答の差が年々小さくなっていることを示したもののひとつだ。

①ものを購入したりサービスを利用する時、こだわる

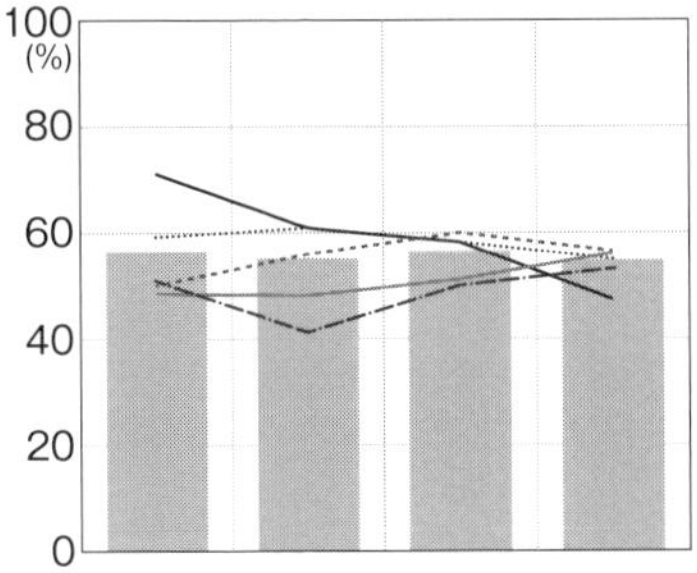

	1992年	2002年	2012年	2022年
全体	56.2	54.1	56.1	53.9
20代 ──	69.5	61.8	58.6	47.7
30代 ………	59.5	61.5	58.4	54.8
40代 -----	50.4	56.6	60.3	56.1
50代 ──	47.7	46.4	52.8	56.3
60代 ─・─	51.0	41.1	49.7	52.8
最大値・最小値pt	＋21.8	＋20.7	＋10.6	＋8.6

②木の床（フローリング）が好き

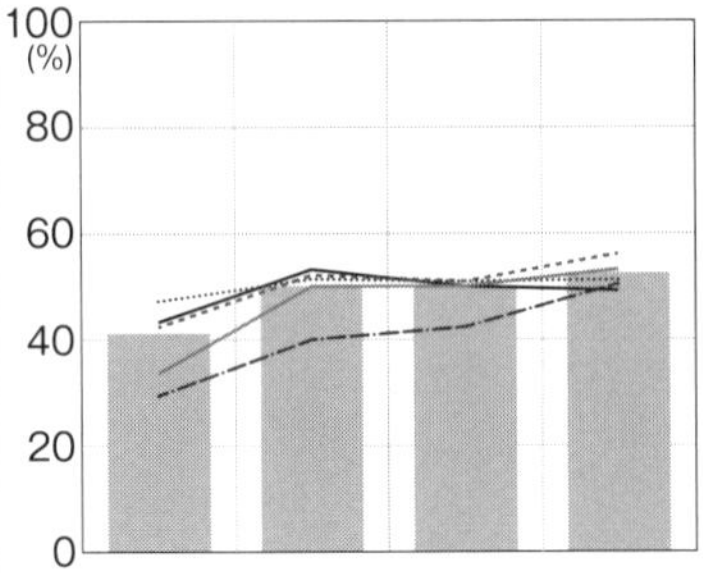

	1992年	2002年	2012年	2022年
全体	41.5	49.8	49.1	52.3
20代 ──	44.6	53.1	49.3	48.6
30代 ………	48.9	51.9	51.4	51.3
40代 -----	43.7	52.8	51.0	55.5
50代 ──	36.2	49.0	49.7	53.8
60代 ─・─	29.7	40.5	43.9	50.5
最大値・最小値pt	＋19.2	＋12.6	＋7.5	＋6.9

③純和風の部屋に憧れがある

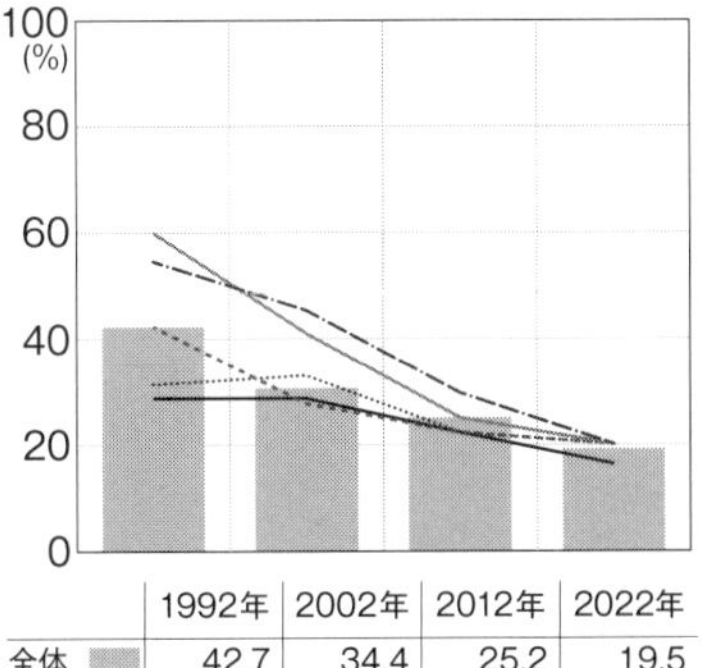

	1992年	2002年	2012年	2022年
全体	42.7	34.4	25.2	19.5
20代 ──	28.8	28.0	23.9	15.8
30代 ………	31.4	32.3	23.4	20.3
40代 -----	43.9	27.4	23.7	20.0
50代 ──	60.5	41.6	25.3	20.3
60代 ─・─	55.1	43.2	29.9	20.7
最大値・最小値pt	＋31.7	＋15.8	＋6.5	＋4.9

出所：博報堂生活総合研究所
「生活定点調査」

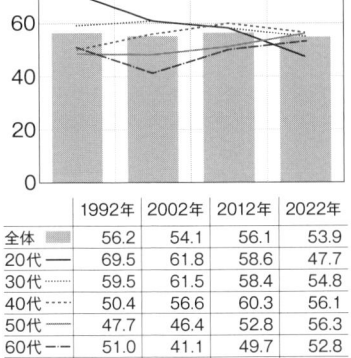

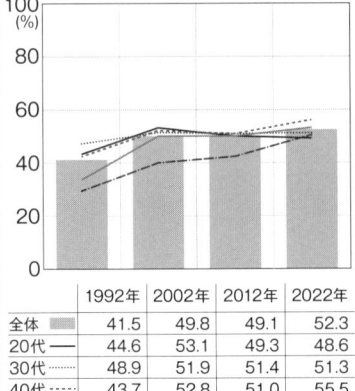

「ものやサービスの購入についてこだわる方だ」という消費に関する意識について、20・30代では30年前よりもこだわるという回答が減少している一方で、40～60代では増加している。全体の平均値では30年間ほとんど変化がないが、年代間の違いはどんどん小さくなっている。

住宅業界でも、ターゲットを年齢ではなく、ライフスタイルで分類しようという試みは以前からある。

釣りを趣味にしている人は、年齢を問わない。スノーボードもサーフィンも、若者だけの趣味ではなくなった。家を建てる層を年齢ではなく、趣味で区切ると違った見せ方ができる。車が趣味の人は、20代でも60代でもビルトインガレージのある住宅商品に憧れるかもしれない。

少しずつライフスタイル重視の工務店も増えているが、多くの工務店では、夫が働き、妻が専業主婦かパート、子供が小学校に入る前というターゲット層から抜け切れていないのではないか。既に、専業主婦世帯は、共働き世帯の半数以下になっているにも関わらずだ。

昔は、子育て世代がメインターゲットであったが、今後の少子化も考慮すると、それ以外の世帯に住宅を売ることを積極的に考えた方が良いかも知れない。「脱・子育て世代」だ。

かつて「両親と子供」がいる世帯は、多数派だったが、今は全体の25％に過ぎない。２人以下で暮らす世帯が、67％を占めているのが現状だ。

少数派である子育て世代を狙う必要はない。２人以下の世帯の方が多数派だ。ペルソナを考える際に、「消齢化」「脱・子育て世代」は、ひとつのキーワードだ。

首都圏のパワーカップル

「脱・子育て世代」という意味では、パワーカップルも注目だ。世帯年収の多い共働き世帯が増え

家族類型割合の変化

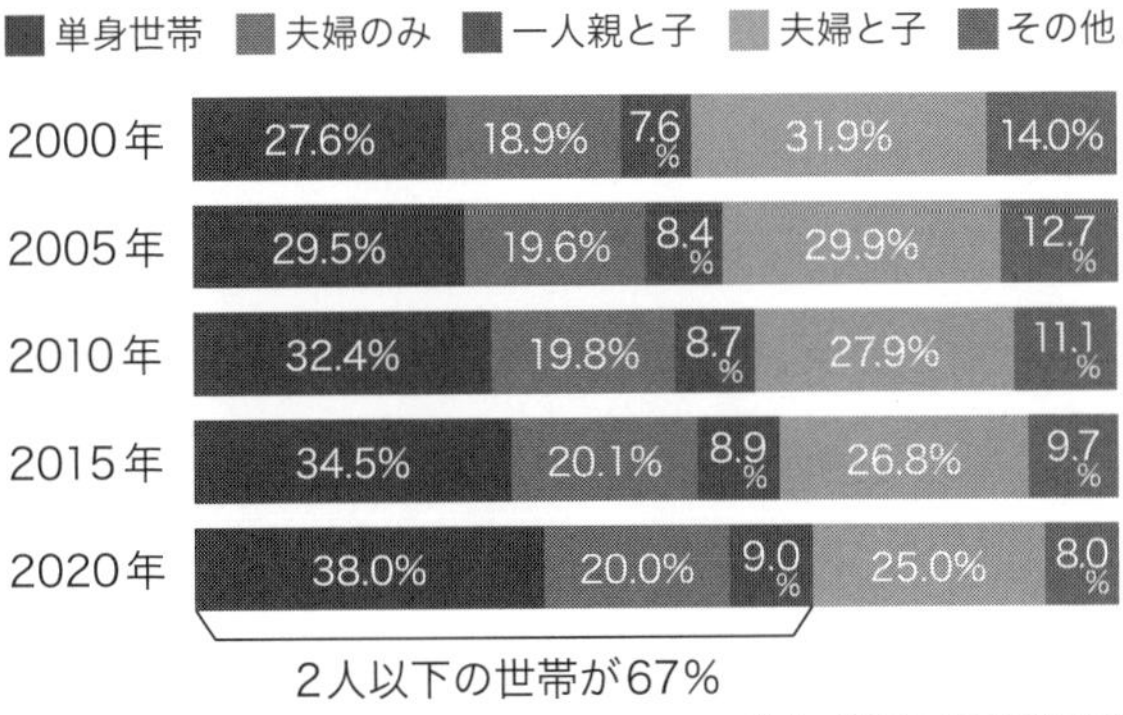

出所：総務省「令和２年 国勢調査」

ている。住宅市場にどのような影響があるのか。「パワーカップル」は、夫婦の両方が高収入を得ている共働き夫婦のことを指す言葉だ。明確な定義はなく、ニッセイ基礎研究所では、夫と妻の両方が年収700万円以上とする。三菱総合研究所は、世帯年収が1000万円以上且つ、夫の年収が600万円以上、妻の年収が400万円以上であればパワーカップルとしている。いずれにせよ、夫または妻のどちらかだけが高収入を得ている場合は、パワーカップルの定義には当てはまらない。夫の年収が2000万円で、妻の年収が100万円であれば、単に夫の年収が高い世帯である。

ニッセイ基礎研究所によると、夫婦共に年収700万円以上のパワーカップル世帯は、2021年では31万世帯で、総世帯数の0・56%、共働き世帯の1・9%を占め、年々増加している。

首都圏ではマンション価格が高騰しているが、そこにはパワーカップルの存在があると言われる。首都圏のパワーカップルまではいかないが、地方都市でも世帯年収の多い共働きが増えている。

地方都市の共働き

男女共同参画白書令和４年版によると、「昭和の時代（戦後）、女性の人生は、最終学歴卒業後、結婚するまで就業、もしくは就業せずに家事手伝いをし、結婚して専業主婦になる、または家族従業者として農業や家業に携わることが多く、昭和35（１９６０）年、50歳時点で結婚経験のある女性は約98％であり、社会の制度・慣行は、多くの場合、これを前提としたものとなっていた。現在は、結婚と家族の姿が変化・多様化する中で、女性の人生も多様化している。令和２（２０２０）年、50歳時点で有配偶の女性は69・３％であり、配偶者のいない人の内訳は、未婚15・８％、離別10・２％、死別1・４％となっている。結婚せずに未婚のまま単独世帯となる女性、親と暮らしている女性、結婚後、離死別により、ひとり親もしくは単独世帯となる女性、離死別後、再婚し有配偶となる女性等、様々である。」と総括されている。

昭和の感覚では、未だ専業主婦が多いように思われるかも知れないが、共働き世帯数と専業主婦世帯数は、平成７（１９９５）年に逆転し、令和では専業主婦世帯は少数派だ。

自社で施工した邸名一覧を眺めてみると、夫の名前だけではなく、夫婦連名になっている物件が増えていることに気づくだろう。

　会社員の平均賃金が何十年も変わらない間に、共働き世帯が急速に増加、晩婚化も進む。今後はどのようになっていくのだろうか。時折、自社のペルソナを見直してみると良いだろう。まさか、20年前から変わっていないということはないと思うが。

ポジショニング

　明確な「誰に」が決まった後、

共働き世帯数と専業主婦世帯数の推移
（妻が64歳以下の世帯）

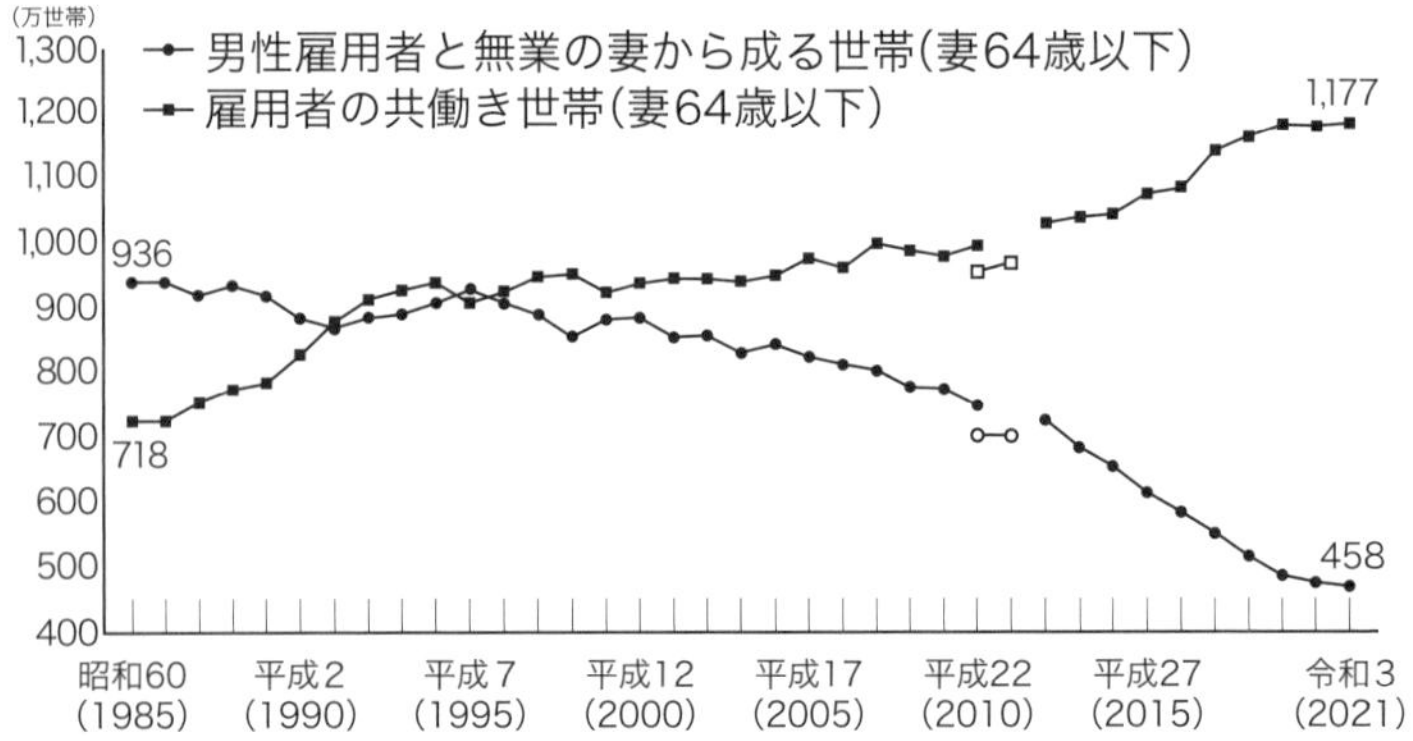

1．昭和 60 年から平成 13 年までは総務庁「労働力調査特別調査」（各年２月）、平成 14 年以降は総務省「労働力調査（詳細集計）」より作成。「労働力調査特別調査」と「労働力調査（詳細集計）」とでは、調査方法、調査月等が相違することから、時系列比較には注意を要する。
2．「男性雇用者と無業の妻から成る世帯」とは、平成 29 年までは、就業状態の分類区分の変更に伴い、夫が非農林業雇用者で、妻が非就業者（非労働力人口及び失業者）かつ妻が 64 歳以下の世帯。
3．「雇用者の共働き世帯」とは、夫婦ともに非農林業雇用者（非正規の職員・従業員を含む）かつ妻が 64 歳以下の世帯。
4．平成 22 年及び 23 年の値（白抜き表示）は、岩手県、宮城県及び福島県を除く全国の結果。

出所：内閣府「男女共同参画白書　令和４年版」

そのニーズに自社の住宅を合わせると同時に、競合他社と十分に差別化を行いながら顧客の記憶の中に独自の居場所をつくることをポジショニングという。少し面倒な言い回しだが、競合他社と差別化した独自の存在になれる場所を探すことだ。

ポジショニングは、一般に縦軸×横軸から成る４象限に分かれた「ポジショニングマップ」で表現される。

次ページの図は一般的な住宅でのポジショニングマップだ。縦軸に家づくりの予算を取り、横軸にデザイン志向を取る。それにより分割されたエリアに、ハウスメーカー、地場工務店、ローコスト系、建築家を配置してみた。

家づくりの予算が多く、デザイン志向は弱い人から少し強い人までの範囲の人に対応するのが、ハウスメーカー。

家づくりの予算が少なく、デザインにこだわりの少ない範囲に対応するのがローコスト系。その中間に位置するのが地場工務店。建築家は、予算の大小に関わらず、こだわりを実現したい層に対応するというイメージだ。あくまでザックリとした区分けなので、このマップにハマらない地場工務店も当然いるが、何となくは伝わるだろうか。

自社の商圏において、具体的な企業名を使ってポジショニングマップを作成してみると良い。そのマップで自社と被る企業があれば、それは相見積になることが多い工務店だろう。自分のポジションに他の企業がいないのであれば、かなり他社と差別化できたユニークな位置を確保していることになる。

下図で見ると、デザイン志向が少し強く、予算が少なめのエリアは空いている。このポジションに移動できれば、他社を圧倒して売上を伸ばすことができるだろう。近年では、ある程度デザイン性もありながら、価格を抑えた商品で伸びている工務店もある。当然、予算が少なくても利益を残せる仕組みもセットで必要だが、空いているスペースを狙うというのは、ポジショニングできることの1つだ。

先の例は、予算とデザインという軸で作成したマップだが、当然ながら別の軸でつくることもでき

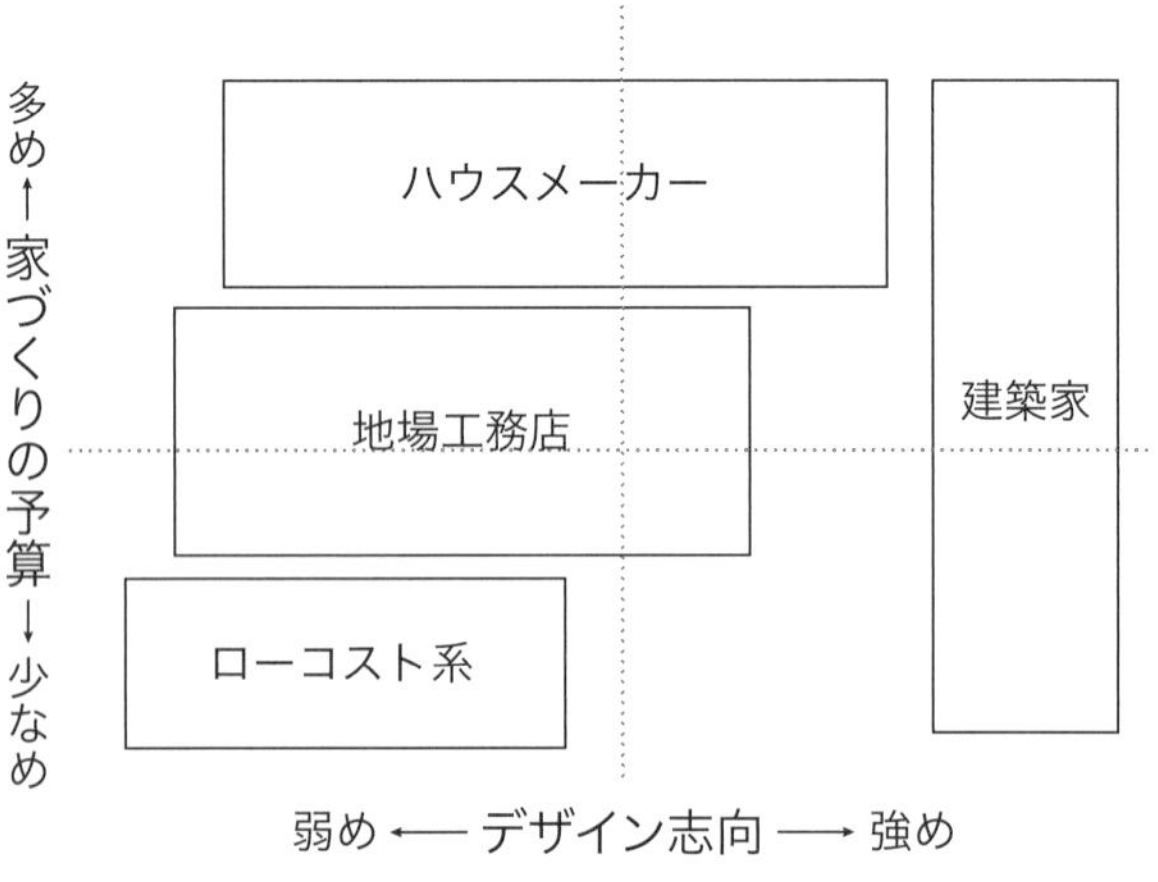

る。この軸を変えるということが、ポジショニングで有効な方法だ。既存の軸ではポジションが被っていた商品が、軸を変えることで独自のポジションを持つことができるようになる。

ポジショニングの使い方

繰り返しになるが、ポジショニングの使い方について整理しておこう。まずは、現在の自社のポジションを把握するために、マップを作成する。設定する2軸は、とりあえず予算とデザイン志向でも良いが、自社のターゲットとなる顧客層が意識しそうなものを設定する方が良い。

次にそのマップで被っている企業がないか把握する。あまりに競合が重なっていたり、その競合に正面からは勝てそうもなかったりする場合は、空きスペースを探そう。空きスペースが十分に勝負できそうであれば、自社だけのポジションにしてしまおう。

ポジションが重なっている企業には勝てない、空きスペースも見当たらないということであれば、軸を変える。自社が最も得意としているものを軸に据えて、独自のポジショニングマップをつくりだそう。その後は、広告や営業トークで独自性を打ち出せるように、統一したメッセージをつくりだす。

ターゲットのお客様が発する「なぜ、この工務店で家を建てるべきなのか？」という問いに、分かりやすく説得力のあるブランドイメージをつくりあげることがポジショニングのゴールである。

相談事例 file8

**Q.　当社の住宅に高そうなイメージが付いていて、
売れません。値下げすべきですか？**

A.　高そうだから、高く売れるのです。

ある住宅ＦＣ（フランチャイズ）に加盟している２社の社長から、それぞれ話を聞いたことがあります。そのＦＣは、性能にこだわりがあり、１棟単価としては高めに設定されていました。

業績の悪い会社の社長からは「このＦＣは、値段が高いイメージがあって売れない。だから仕様を下げた安い自社商品を出すことにしたよ」と聞き、業績の良い会社の社長からは「このＦＣは高級感があるから、お客様の層も良いし、高く売れるから有難い」と聞きました。

同じＦＣ加盟店でも正反対です。当たり前ですが、「高そうだから、高く売れる」のです。安そうな住宅は、高くは売れません。高そうだと思われているということは、高価格帯のブランドづくりができているということでもあります。

高そうなイメージが付いている住宅を、仕様を下げて安く売ろうとすると、お施主さんは「高そうなイメージだったのに、安普請だね」と更に悪いイメージになりかねません。高そうなイメージが付いているなら、それに見合う良質な住宅を建てれば良いのです。

高そうなイメージが付いていて売れないのであれば、社内のどこかに課題があると考えましょう。ホームページでは高級感があったのに、完成見学会で接客した営業担当者の服装や対応がラフ過ぎるのかも知れません。高性能・高品質なイメージなのに、実際の現場は整理整頓されていなかったり、モデルハウスは、外部の設計士に頼んでいるけど、通常の提案は営業担当者が簡易なＣＡＤソフトでつくるだけだったり。お客様がイメージしているＦＣの良い部分を裏切れば、当然ながら売れません。

せっかく、お客様が「高そう」だと思ってくれているのです。その高いというイメージとズレている部分を改善して、お客様の期待に見合った高級路線でいきましょう。

営業担当者の言う「値段が高くて売れません」という言葉を鵜呑みにして、値下げをしてはいけません。営業担当者の言うコトを安易に聞いていると、「高く」つきますよ。

マーケティングの基本

「誰に」売るかが決まったら、次は「何を・どのように」売るか、深掘りしていく。

４Ｐ分析

４Ｐ分析とは、マーケティング施策を企画・立案する際に用いられる分析法。自社商品を４つのＰ（Product・Price・Place・Promotion）で捉え、その強みやアピールポイントをマーケティング企画に活かすフレームワークである。基本的なものだが、思考を整理するのに有用だ。

どのような商品を（Product）、いくらで（Price）、どこで販売し（Place）、どのような販促活動を行うのか（Promotion）をそれぞれ考察していく。

自由設計の注文住宅を手掛ける工務店を例にしてみよう。既存の注文住宅が原価高騰により高額となり、購入者層が限られてきていることから、新しい規格住宅ブランドを立ち上げる段階だと仮定する。

Product：どんな住宅にするか

住設建材の値上がりや生活者の変化により、規格住宅を始めたいと考える注文工務店も少なくない。世帯年収が低く、注文住宅ではローンが通らない層も増えており、価格を抑え且つ利益も確保できるようにするためには規格住宅しかないとの結論に至るようだ。

まずは、どのような規格住宅にするかを決定する。これには住宅のデザインや性能、仕様、品質やブランドなど包括的なものも含めて考える。何を強みとして打ち出すのか。単に注文住宅を値引きしただけの商品であれば赤字になるだけだ。何を強調し、何を削った住宅にするのか。自社の得意分野（意匠・性能・断熱・気密……）で、且つ低価格の規格住宅にできる要素は何か。

自社の得意分野であっても需要がなければ成功させることは難しい。「自社の商圏でニーズはあるか」「顧客のメリットはあるか」という要素も合わせて考察する。

類似の規格住宅で先行する競合他社との比較も必要だ。この時点で、どうやっても自社の規格住宅が他社より魅力的に見えなければ、規格住宅への参入は止めた方が良い。

【規格住宅商品】

規格住宅を始めるには、ある程度成功しているFCやボランタリーチェーンに入るのが手っ取り早い。規格住宅として実績のあるFCであれば、商品パンフやホームページといった営業ツールが用意されており、規格住宅を販売する時に使う営業トークやマニュアルの類も整備されている。資金的に余裕があるなら、FCに加盟するのが、最も立ち上げやすい方法だろう。

但し、FCの商品が地域にピッタリ合うかは分からない。住宅には地域性があるため、九州で流行ったものが北海道でも通用するとは限らない。勿論、断熱や気密といった性能の違いも、自社の地域に合わせなくてはならない。意外と細かな違いが原因で売れないこともある。洗濯物を干すためのバルコニーかベランダがないと売れないという県や、トイレは玄関横にあるのが当たり前の地域もある。上がり框の高さにも県民性は出る。

ＦＣよりも簡単に自社のエリアにあった規格住宅をつくる方法もある。それは、過去に売れた住宅を整理することだ。完成見学会の時に人気のあった間取りや、買い手がすぐについた自社の建売住宅を思い出そう。個性の強すぎる注文住宅は汎用性がないが、四角い土地に一般的な施主が建てた注文住宅であれば、規格住宅としても成立する。

人気のあったプランを10個程度集めて、それに共通するコンセプトを付け、商品名を考えれば、あっという間に自社オリジナルの規格住宅ができあがる。

なお、既に建築済みであるから、原価計算は終わっているが、そのままでは高額のため売れない。部材や住設は低価格の商品に変更し、拾い出してあった数値で計算しておこう。あまりにも高くなるようなら、迷わずそのプランは削除しよう。

あとは、ホームページに並べるだけだから、ほとんどコストがかからずにできる。しかも、地域にあったプランである。ちょっと規格住宅をやってみようと考えている方にはスタートしては丁度良い。

Price：価格を考える

住宅の品質がどれだけ良くても、価格が高くては売れない。会社としては、注文住宅から大幅に価格を下げたつもりでも、「規格住宅を買う層」にとって価格が見合うかどうかが全てだ。現在商談している3500万円の注文住宅を購入する層を念頭に、2500万円なら格安だろうと考えても、「規格住宅を買う層」には響かない。他社の規格住宅を参考に、その顧客層の目線から考察する必要がある。

とはいえ、いくら施主に嬉しい価格を設定しても、自社の利益がでなければ本末転倒だ。施主が喜ぶ価格を設定しながらも、自社にどれだけの利益をもたらすのか、このバランスが重要だ。

当然ながら、注文住宅と同じ粗利率に設定すると、規格住宅は単価が安いため1棟あたりの粗利額は小さくなる。粗利が低くても売れることを優先するか、粗利率を上げて1棟あたりの粗利額は注文と同レベルにするかも検討しなければならない。

【価格の決定】

プライシングとは、価格戦略とも呼ばれ製品やサービスの価格を決めることを指す。価格の設定は、マーケティングにおいて重要な要素であり、顧客や競合、仕様、販売地域、広告などの様々な要素を考慮する必要がある。

ここ数年で、あらゆる建材が値上がりし、住宅の原価は急激にコストアップした。早い段階で物価高の予兆を掴み、販売坪単価を上げた工務店の中には増収増益を達成したところもあるが、販売価格値上げの波に乗り遅れた工務店は苦しい経営となった。

店頭にある商品の値上げと違い、受注してから引渡し迄の期間が数ヶ月かかる住宅の場合は、先々を見て手を打たなければ利益の確保が間に合わなくなる。建材が値上がりしたからと、施主に追加費用を申し込むのは、契約書上は可能でも、現実的ではない。近年の急速な建材の値上がりで、工務店の経営者は、価格設定の難しさを痛感したのではないだろうか。

【プライシングの基本】

大まかに分けて３つの設定方法がある。１つ目は、原価志向価格設定だ。原価に一定の利幅を加えることにより価格とする考え方である。実際に掛かる原価を拾い、一定の利幅を乗せて販売価格とする。本来、完全自由設計の場合はこのような価格設定になる（コストプラス価格設定）。

ある程度商品化ができている住宅の場合は、事前に原価に一定のマークアップ（上乗せ）を行って見積価格を算出する。商品ごとに坪単価を決めている工務店では、概ねこの方法だろう（マークアップ価格設定）。見積提出のスピードを上げるためには、この方法になるが、坪単価の設定が建材価格の変化に遅れると粗利率が大幅に変動する。

２つ目は需要志向型価格設定。これは顧客が製品やサービスに対してどの程度の価格を受け入れるかにより価格を決める方法だ。建売住宅を手掛けている会社は、エリア毎に売れる価格帯を知っている。売れる価格帯で販売価格を決め、その価格で利益が出るように土地を仕入れる。注文住宅専門の工務店がたまに建売住宅に手を出すと、高い時に土地を仕入れ、売れない価格帯でこだわりの住宅を建てたりして、売れ残ってしまう。

３つ目は競争志向型価格設定法である。競合他社の価格を指標とする価格の決め方だ。これは規格住宅で、売れている競合を見て価格を決めるようなもの。当然ながら、自社の原価を考えずに売れている会社（コストが安い）に合わせ過ぎると、利益が取れない価格設定になる。

逆に、注文住宅で競合他社よりも明確に良い住宅を建てられるなら、価格を大幅に上げる方法もある。ブランドをつくる意味では、施主が出せる範囲で価格帯を上げることは、有効な手段となる。

【安いから売れる。高いと売れない？】

いかに高く売るかを考えるべき、と言うと拒否反応を起こす方もいるだろうから、言葉を変えて、いかに適正な価格で売るかを考えるべき、としよう。

施主のわがままな要望をヒアリングしてプランをつくり、無理難題を言われながら土地を探し、ギリギリの住宅ローンを何とか通し、細かく実行予算を組んで、忙しい基礎屋を手配し、面倒な補助金を申請して、木材の価格交渉をして、工事中は近隣に気を遣い、納期が遅延しそうな住設を心配し……と、その大変な苦労に見合った粗利を取れているだろうか。

適正な価格で売りたいなら、そのプロセスを見せて共有した方が良い。できあがった完成品だけ見ても、その裏にある苦労を施主が知らなければ、そこにお金は払われない。

ネットを介して、不特定多数の人から少額の資金を調達する「クラウドファンディング」は、プロセスをお金にしている。「こんなモノやサービスを作りたい」という起案者に共感した人が、まだ何もない状態から資金を出す。起案から完成するまでのプロセスを一緒に楽しむ。

アイドルビジネスでも似たようなものがある。オーディション番組からデビューしたアイドルは多数いる。未完成な段階からプロセスを共有することで、価値を高める方法は昔からある。

住宅でもプロセスを見せることはできる。ある工務店では、現場ブログを立ち上げ、全ての住宅の建築工程を公開している。施主は勿論のこと、家を検討している人も、丁寧な現場作業と苦労を知ることができる。

気密性能にこだわる工務店では、気密測定している姿を撮影し、全棟のＣ値を公開しているところもある。

住宅のプロセスは見せるだけでなく、体験して共有もできる。自社で所有する山に施主と一緒に木を伐りに行ったり、施主が左官を手伝い、塗り壁に家族の手形を付けたりする工務店の話は聞いたことがあるだろう。

何も新しい作業を増やせということではない。普段の仕事の過程を施主に見てもらえれば、その価値が分かってもらえるものが多々ある筈だ。それをスマートに見せることができれば、適正な価格で受注できるだろう。

まずは、施主に見せても問題のないプロセス（現場）にしてからの話だが。

Place：どこで売るか

４Ｐにおける「Place」では、どのようにして売るか、どこで売るか、その販売するまでの経路や実際に販売する場所を検討する。

工務店の場合は、注文住宅と同じ事務所で規格住宅を販売するか、別の店舗で販売するかを検討することになる。

注文住宅と同じくらいまで規格住宅事業を成長させたいと考えている場合は、完全に事業部を分けよう。規模によっては、新しい会社を設立しても良い。

繰り返すようだが、注文住宅の工務店が規格住宅を始めて失敗するのは、同じ社名で同じ社員が規格住宅を売るからだ。これまで注文住宅しか売ってこなかった社員は、規格で決まっているプランを変更したがる。コンセントの位置を変えてみたり、洋室を和室にしてしまったりする。規格住宅と言いながら、施主の要望をアレコレ聞いているうちに、注文住宅と大差ない手間がかかるようになる。結果として、高額な本来の注文住宅が売れずに、低価格のニセ規格住宅が売れてしまい、会社の売上が落ちることになる。

自社の規格住宅による注文住宅の共喰いを防ぐためには、屋号も社員も事務所も別にすることだ。

勿論、注文住宅と同じ事務所で販売する方が、始めるのは簡単でコストも掛からない。注文住宅の外に、規格住宅の商品が追加された状態だ。始めやすいという意味では悪くないが、あまりオススメできない。同じ事務所で販売すると営業・設計担当者は、注文住宅と同じ人員で対応することになる。お客様は、注文住宅よりも安価で好みの家が建てられるとなれば、注文から規格に客が流れることになる。しかも、本来は規格ゆえに変更できないプランを、注文住宅に慣れた設計担当者が施主の要望を聴いて変更してしまう。結果として、既存の注文住宅が売れずに、安くて手間が掛かって儲からない規格風の住宅が売れてしまう。

会社自体は同じでも良いが、規格住宅の屋号は別なものにする。それにより、消費者には新しい会社と認識される。３５００万円の注文住宅を売っていた会社で、似たような規格住宅が２０００万円で売っていたら、消費者はそちらに流れてしまう。事務所も完全に別の場所に構え、全く新しい規格住宅の会社として認識してもらうのが良い。万一、撤退する時も本体の注文住宅には悪いイメージが残らない。

そして最も大事なのが、社員を別にすることだ。社内からの異動でも良いが、できれば社外から採用した方がしがらみがなくて良い。規格住宅は、注文住宅よりも建売や不動産に近い。住宅を商品として売るマインドを持つのは、長年、施主の要望を丁寧に聴いてきた注文住宅の営業担当者には難しい。土地と規格住宅をセットで、不動産として売れる営業担当者を探そう。

同じ商圏で、注文住宅を手掛ける本体と新しくできた規格住宅のブランドが、顧客の取り合いで競争しながら両方の売上が拡大するのが理想的だ。伸びる要素は十分にある。

【相談窓口への依存】

注文住宅と同様、現物がなく複雑な商品で、営業の力が必要な生命保険。２００６年にネット専業のライフネット生命が設立されたことで、ネット販売の認知度が上がり、多くの商品を容易に比較できるようになった。自分で保障内容を選び、保険料のシミュレーションができることで、爆発的に広がるかと思われた。

しかし実際は意外と伸びていない。公益財団法人生命保険文化センターによる「生命保険に関する全国実態調査」によると、ネット販売を含む「通信販売」経由の契約は、２０２１年で６・４％に過ぎず、２００６年の９・１％から減少している。代わりに伸びているのが、保険代理店の窓口や営業職員からの加入である。保険代理店の窓口とは、ショッピングモールや商店街などにある複数の生命保険を扱う保険ショップだ。他にも金融機関経由の保険加入も増えている。

結局のところ、未だ保険契約は人を介すものが選ばれている。現物がなく複雑な商品は人を介さねば売れない。生保営業の社員が担っていた、人と接する複雑な仕事を保険の窓口が代行し収益を上げている。

住宅営業でもスーモカウンターのような相談窓口が増えている。単なる集客手段としてではなく、セールスの大きな役割を担うところもある。年収1千万円以上を稼ぐ窓口担当者も居るという。

生保も注文住宅も、営業部分の付加価値は大きい。営業を外部に出せば、固定費は削減できる。しかし、そこで得られる筈の利益は外部の窓口業者のものとなる。

【差異は営業が生み出す】

似たような住宅を建てる会社が2つあれば、業績の良し悪しは、営業次第だ。様々な調査が示すように、最終的に会社を選ぶ決め手は「担当者」だ。性能やデザインは、その次だ。

注文住宅は受注産業である。元も子もないことを言えば、優秀な営業がいれば事業は成立する。建物のデザインや性能も重要なことだが、受注がなければ、事業は成り立たない。近年は、外部の窓口業者や営業ツールへ過度な依存をして、社内の営業担当者をないがしろにしていないだろうか。

ＳＦＡ（営業支援システム）、ＭＡ（マーケティングオートメーション）、ＣＲＭ（顧客管理ツール）など、営業に関連したシステムを導入する企業が増えているが、業績につながっているだろうか。

上司や管理部門が管理しやすいことを優先して導入されたシステムは、営業の現場では使いにくい。ＳＦＡ等のシステム自体が悪いのではなく、目的が「管理」になっていることが問題だ。

営業システム導入の目的は「受注増」でなければならない。実際に見込客に対峙する営業担当者を支援するものでなければ、営業現場の負担が増えるだけで、受注につながらない。

住宅相談窓口への依存は、自社の付加価値を減らしていないか。ネット販売へ過度な期待をしていないか。そのシステムの導入は営業の負担を増やしているのではないか。

大切にすべきは、自社の営業担当者が動きやすい環境だ。付加価値を生み出す営業担当者を蔑ろにする会社の業績は上がらない。

Promotion：どのように販促するか

いかに優れた商品であっても、それを知る人がいなければ、存在しないのと同じことだ。市場のニーズに応えられる優れた規格住宅であればこそ、有効な販促を行って、その存在を広く伝えなければならない。

販促の方法は、規格住宅の特性やターゲット層にフィットしたものであることが重要。施主の要望を細かく聞きながら設計する自由設計と、決まったプランを販売する規格住宅では、見せ方も売り方も違うのは当然のこと。どのような媒体を使い、どんなイメージでプロモーションを展開していくかを考える必要がある。

特に注文住宅と規格住宅では、ターゲット層が異なることを意識しなければならない。今まで接したことのない客層であれば、効果のあるメディアも集客方法も異なる。まずは、成功している競合他社がどのような集客を行っているか、調査すると良いだろう。

【スマホで家を買う】

最近では見学会に数多く集客するのではなく、ホームページからの来場予約制にしたり、ＶR住宅・バーチャル住宅展示場を活用したり、オンライン商談を導入する企業が増えた。手の中にあるスマホで何でも買える時代だ。家もスマホで売ろうと考えるのは自然な流れだろう。

注文住宅は別として、不動産としての家を考えるとスマホで売れる素地は拡がっている。全国の戸建住宅に占める建売の割合は、年々高まっている。全国的に建売住宅が増えているのは、「コスパとタイパ」が要因とも言われる。コスパは、コストパフォーマンスの略で費用対効果のこと。土地と建材の高騰で、注文住宅に手が出なくなり、相対的にコスパの良い建売住宅に目が向く。

タイパは、タイムパフォーマンスの略で時間対効果、時間効率のことである。１９９５〜２０１０年頃に生まれた「Z世代」は、「タイパ」に敏感だという。ネットに情報が溢れ、無限にコンテンツが提供されてきた世代にとって、タイパを意識して時間を効率的に使うことは常識なのかも知れない。

無限にある選択肢から考える注文住宅ではなく、規格化され絞られた選択肢から、ネット上で事前にシミュレーションできるのは、対面で何度も打ち合わせが必要な注文住宅よりもタイパが良い。新築マンションも実物ができあがる前に購入を決める人が多いように、立地と価格が希望通りなら、建売も規格もスマホ上で完結する日が来るかも知れない。

しかし現段階ではスマホだけで完結するのは難しい。スマホで家のタイプと仕様、オプションを選んでもらうことはできるが、一度も施主と会わずに自動的に受注ができるところまでは進んでいない。

オンライン空間に住宅展示場を開設した大手工務店でも、アバター（仮想空間上で動作する分身）による「接客」なしでは、商談は進まない。

スマホで仕様や価格のシミュレーションをするのも、バーチャル住宅展示場をWEBで公開するのも、あくまでも集客手段に過ぎない。「家はスマホで」とは、スマホで事前にプランと予算を決めておいてもらえれば、店舗に来場してもらった時に契約が進めやすいということであって、メルカリで売るようには、住宅は売れない。

なお、ネット上で容易に比較検討できる商品は価格勝負になりがちである。似たような商品であれば、安い方に流れる。

規格住宅を突き詰めると、間取りは似たり寄ったりになり、性能はＵＡ値や等級で表示され比較が容易になる。住設機器も大手メーカーの商品を使えば似たような仕様だ。家を建てる素人は、同じような商品であれば、コスパで判断するようになる。

何もしなくても自動で家が売れるようになれば良いが、それを求めることで１棟あたりの利幅は減っていくだろう。

紹介受注を伸ばすために

紹介受注

工務店の受注ルートのひとつである「紹介」。紹介ルートも一定数が見込めるようになると強力な武器になるが、どのような取り組みが必要だろうか。

営業社員がバタバタ動かなくとも、毎月コンスタントに紹介からの受注があると住宅経営は楽になる。自社で建築した家の施主が、自社の住宅に満足して紹介してくれる、そんな嬉しいことはない。

住宅業界では、紹介率は30％もあれば高い方だと言われるが、紹介率70％以上という会社もある。年間数棟の工務店であれば、紹介でしか建てないというところもあるが、規模が大きいと紹介率は低くなる。

受注の全てが紹介受注という訳にはいかないが、紹介件数を増やす努力をしておいて損はない。紹介の良いところのひとつは、完成見学会で新規を集客するよりもコストが安いことだ。

ある調査によると、「新規顧客を獲得する場合、既存顧客の5倍のコストが掛かる」という。これは一般消費財の話だが、新たな客に買ってもらう方が、リピーターに買ってもらうより獲得コストが掛かるのは理解できるだろう。

住宅は「一生に一度の買い物」と言われるように、何度も住宅を建ててくれるリピーターは見込めないことから、リピーターの代わりに紹介が重要となる。

ある工務店では集客コストが1組の名簿あたり5万円。名簿から10％が成約になるため、受注1棟あたりの集客コストは、50万円となる。紹介から受注した場合は、OB施主に10万円を支払っている。これは先ほどの新規獲得は既存顧客の5倍掛かるという話に一致する。会社によって受注1棟あたりの広告単価は違うが、そう遠くない数値ではないだろうか。

OB施主からの紹介を増やす

一口に紹介と言っても、OB施主から紹介される場合、協力業者から、社員からという違いがある。

OB施主からの紹介を増やすために何ができるか。住宅の「紹介」に関するある調査で、住宅購入者に紹介しない理由を尋ねたところ「紹介の仕方が分からない（84％）」「紹介する気はない（7％）」「不明・その他（9％）」となり、実は既存の住宅購入者から紹介がないのは、不満があるからではなく、紹介の仕方が分からないという結果であった。

この調査結果が全ての工務店で当てはまる訳ではないが、いずれにしても、OB施主に「紹介の仕方を教える」というのは、重要なポイントだ。住宅は高額なだけに、いくら知人でも簡単には紹介しづらい。どのように紹介すれば良いのか、紹介の方法をOB施主に教えていなければ、いくら待っていても紹介の連絡はないだろう。

また、最近紹介が減っているという工務店に話を聞いたところ、多くの営業社員が「紹介してください」とOB施主に言ってないことが分かった。見込客の自宅に何度も訪問する営業スタイルから、ショールームに来場してもらう方式に代わり、来場予約、オンライン商談などへの移行が加速したため、昔ほどウェットな関係づくりをする場が減り、気軽に紹介を求めることができなくなったという。とはいえ、ＯＢ施主からの紹介受注が多い営業社員もいる筈だ。その営業社員がどのタイミングで声を掛けているか、どんな言葉で紹介を生み出しているか、普段から何をしているのかを整理して、横展開することで紹介は増える。

但し注意点として、ＯＢ施主からの紹介を増やしたい時に、多くの施主から紹介をもらおうとしない方が良い。多くの施主から紹介を貰おうとすると様々な問題が生じる。

例えば、紹介料をいくら払うかという問題だ。紹介料を沢山貰えるから紹介するというＯＢ施主もいれば、お金のために紹介する訳ではないからと逆に嫌がられる場合もある。どちらに紹介してもらうのが正解だろうか。

迷った時は、ここでもペルソナをつくると良い。ペルソナは前述のように、家を建てる客層を、名前や年齢、職業、趣味など実在する人物かのようにつくり、商品開発や広告に役立てるものであるが、それを紹介してくれるＯＢ施主でも試してみる。

紹介してくれる人は、１人だけでなく何人も継続して紹介してくれるものだ。過去に紹介してくれた人のタイプを思い出し、自社のペルソナをつくろう。そのペルソナは、紹介料を多く貰いたいタイプだろうか。

協力業者と社員

ＯＢ施主だけでなく、協力業者も大事な紹介者だ。普段一緒に仕事をしている協力業者は、自社の住宅を良く知っている。施工の良し悪しを現場で見ているのだから、施工品質の悪い家を知人には紹介しない。

良い家づくりをしていれば、自ずと紹介は生まれてくるが、協力業者も施主と同様に紹介の仕方が分からない人もいる。協力業者からの紹介が少ないようであれば、まずは紹介制度を整えよう。紹介制度があるのに、紹介が出ないようであれば自社の施工現場が荒れていないか確認した方が良い。

社員からの紹介も大事なルートだ。企業によっては、紹介からの受注を増やすために「社員紹介キャンペーン」などを行うところもある。社長の立場からすると「社員が１００名で、社員ひとりにつき、２名ずつ知人を紹介してくれたら、見込客が２００名、

３名ずつなら３００名、４名ずつなら……」と、つい掛け算をしたくなってしまう。

しかし、社員紹介キャンペーンを行っても実際には思うような成果が上がらないことも多い。紹介名簿が上がってこない理由が、常日頃から紹介しているからキャンペーンで出す名簿がないという話なら良いが、大抵は何か問題が隠れている。

協力業者と同様に、最も自社の住宅を知っている社員から紹介が出ないということは、自社の住宅に魅力がないからなのか、会社に不満があるからなのか、何か根本的な理由があるはずだ。原因を探ることで、会社の改善につながる。決して「社員にやる気がない！」と怒鳴らないように。更に紹介ルートが減っていくことになりかねない。

紹介からの受注を増やすためには、紹介のシステムづくりと、紹介する人が誰かに話す時に「ここがスゴイ」と言える明確なウリを磨こう。

紹介を得るための「ここがスゴイ」を知る

家を建ててくれたＯＢ客に「お施主様アンケート」や「お客様アンケート」を行ってい

る工務店は多い。お客様の声を経営に反映させようという考えは良いが、実際に活用できている会社というのは、意外と少ない。アンケートの満足度が高いとか低いとかだけで終わっていないだろうか？　アンケートを活用して、顧客満足度（ＣＳ）を上げるにはもう少し分析が必要だ。

まずは、アンケートの目的を

お施主様アンケートは、大きく分けて「営業用」と「改善用」の２種類がある。

「営業用」アンケートとは、自社が施主からどんなに支持されているか、喜ばれているかを社外に見せることを目的とする。そのため、施主の気持ちが一番盛り上がっている契約時や上棟時、笑顔を撮りやすい引渡日にアンケートを取得する。アンケート結果は、自社ＷＥＢサイトや店舗内に写真付きで掲示して、ＯＢのお客様から太鼓判を貰っていることを営業ツールにする。また、施主からの喜びの声は、普段外部と接しない間接部門で働く社員のモチベーションアップにもつながるので社内に回覧するのも有効だ。但し、このアンケートではプラスの声を集めるのが目的なので、改善に役立つような情報は得られない。

次に「改善用」アンケートは、自社の改善に役立てるため、会社にとって都合の悪い情報も集めることを目的とする。実施時期は、引渡から2～3ヶ月後。半年点検時や1年後に行う会社もあるが、あまり遅いと施工への不満は覚えていても、営業段階での不満は忘れてしまっていることがある。施主の不満を具体的な改善策につなげる目的であるから、冷静な意見が貰える時期を考慮する。なお、前述の営業用よりも回収率が下がる傾向にあるので、

	営業用	改善用
目的	自社がお施主様からどんなに支持されているか、喜ばれているかを社外に見せる。	会社にとって都合の悪い情報も集めて、自社の改善に役立てる。
実施時期	お施主様の気持ちが一番盛り上がっている「契約時」や「上棟時」、笑顔を撮りやすい「引渡日」にアンケートを取得する。	引渡から２～３ヶ月後。半年点検時や１年後に行う会社もあるが、あまり遅いと施工の不満は覚えていても、営業への不満は忘れてしまっていることがある。
使い方	自社 WEB サイトや店舗内に写真付きで掲示して、OB のお客様から太鼓判をもらっていることを営業ツールにする。お客様からの喜びの声は、間接部門で働く社員のモチベーションアップにも。	アンケートを分析して、業務改善に役立てる。お客様の不満を具体的な改善策につなげる。
注意事項	プラスの声を集めるのが目的なので、改善に役立つような情報は得られない。	回収率が下がる傾向にあるので、回収率を上げる努力が必要。不満を書かせることで、施主の中でも問題が顕在化するので、回収したアンケートは放置せずに誠実な対応を。

回収率を上げる努力が必要。

また、積極的に不満を書いてもらうことで、施主の中でも問題が顕在化する場合があるので、回収したアンケートは放置せずに誠実な対応が必要だ。藪蛇にならないように。

時折、目的と実施方法がズレている会社がある。不満が出そうな時期に営業用アンケートを依頼したり、プラスの意見しか出ないタイミングで取得した営業用アンケートを見て、改善すべきところはないと思考停止したり。まずは、現在のアンケートの目的と内容、タイミングがズレていないか確認しよう。

平均値では見えない

では実際回収したアンケートをどのように有効活用すれば良いだろうか。ここでは改善用アンケートの分析方法を紹介する。

まずは、左の表を見てもらいたい。

A社とB社では、平均値だけを見ると満足度3・15で同じである。しかし、満足率（非常に満足・満足と回答した人数の割合）で見ると、Ａ社は45％、Ｂ社は20％と大きな違いがある。これを平均値だけで上がった、下がったと見ていると判断を間違う。

社内改善のために行うアンケートの場合は、いかに満足の人を増やすか（満足率アップ）、不満の人を減らすか（不満率ダウン）ということを考えるための調査である。見るべきは平均値ではなく満足率である。

何を改善するのが、最も効果的なのか

次のページの表は、お施主様アンケートで質問した10個の項目を満足度の高いものから順に並べたものだ。

「ＩＣ（インテリアコーディネーター）の対応」の満足度が高く、「モデルハウス」の満足度が低いのが分か

回答	（点）	A社 人数	B社 人数
非常に満足	5	10	10
満足	4	35	10
普通	3	30	70
不満	2	10	5
非常に不満	1	15	5
合計点		315	315
回答人数		100	100
平均点		3.15	3.15

回答	（点）	A社 割合	B社 割合
非常に満足	5	10%	10%
満足	4	35%	10%
普通	3	30%	70%
不満	2	10%	5%
非常に不満	1	15%	5%
満足率		45%	20%
不満足率		25%	10%

る。ここですぐに「モデルハウス」の改善を指示するのでは、性急に過ぎる。その項目が、全体の総合評価に与える影響を見る必要がある。

そのために、総合評価と個別項目の満足度（IC対応、モデルハウス等）との相関性を求める。相関係数を求めることで、総合評価と相関性が高い項目、つまり、総合的な満足度の改善にあたり重要度の高い項目を抽出することができる。

表の「重要度」は、相関係数の値を示しており、この数値が高いほど総合評価に影響を及ぼす傾向が強い。「モデルハウス」は、満足度は低いが重要度も低いため、改善を急がなくても良いという判断になる。

項目	満足度	重要度	満足度偏差値	重要度偏差値
ICの対応	96.7	0.9267	66.3	63.7
デザイン	88.9	0.7624	61.2	57.0
営業の対応	88.3	0.2569	60.8	36.3
会社の安心感	72.1	0.5644	50.2	48.8
標準仕様	71.4	0.3777	49.8	41.2
提案力	68.8	0.6929	48.1	54.1
住宅性能	66.3	0.4289	46.4	43.3
工事の対応	59.2	0.7228	41.8	55.3
報連相	55.7	0.8988	39.5	62.5
モデルハウス	50.1	0.2941	35.9	37.8

急いで改善したところで、さほど総合的な満足度は上がらないからである。

これを図にすると（図を見やすいように偏差値に変換）、下のようになる。

第1象限（右上）は、重要度も満足度も高いエリアで「重点維持項目」といい、差別化要素として維持強化すべき項目だ。第2象限（左上）は、重要度は低いが満足度は高いエリアで「維持項目」、第3象限（左下）は、重要度も満足度も低いエリアで「改善項目」ではあるが、改善の優先順位は低い。第4象限（右下）は、施主が重要だと考えているにも関わらず満足度が低いエリアで「重点改善項目」とされ、最も

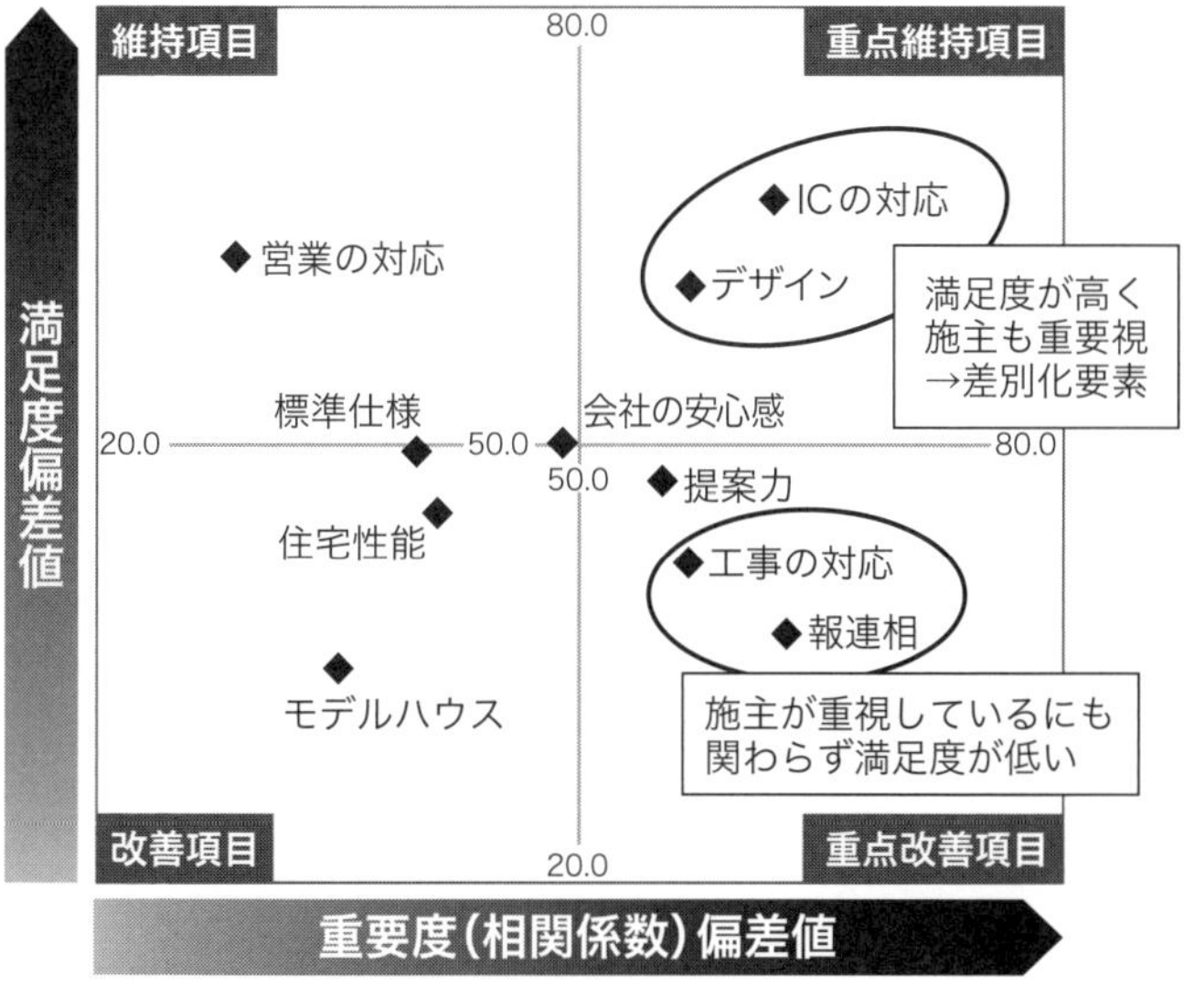

優先的に改善すべき項目となる。

　このように図に表すと、「報連相」「工事の対応」を急いで改善する必要があることが視覚的に分かるだろう。お施主様アンケートの平均値を上げるために闇雲に頑張るのではなく、きちんと分析することで、取り組むべき改善策が見えてくる。

　さらに分析する場合は、支店別や担当者別、価格別、年収別などで行ってみると良い。自社のターゲットが何を重要視しているかを見極めることができてこそ、お施主様アンケートが活きてくる。さっそく自社のアンケートを見直してみてはどうだろうか。

相談事例 file9

Q.　業績悪化を食い止めるために仕組みづくりを急いでいますが、上手くいきません。

A.　仕組みづくりを止めて、社長が先頭に立ちましょう。

仕組みづくり（仕組み化）は、企業が成長する上で非常に重要なものです。

小さな企業では、社長が社内の様々な業務を兼務しており、社長にしかできない、知らないことが多々あります。創業したての頃は、社員も少ないので社長が１人で何役もやらなければなりません。最初のうちは、それでも良いのですが、社長の能力に頼った属人的な経営は、成長を阻害します。どんなに優秀な社長でも、１人でできることには限界があるからです。

社長の個人商店から脱出して成長軌道に乗せるには、社長がいなくても会社が回る、仕組み化が必須です。社内業務のマニュアル化、省力化・自動化、ノウハウを共有できる仕組みを採り入れることで、個人の能力に頼らずに成長できる企業となります。

しかしながら、このような仕組み化は、業績好調で伸びる可能性がある時に、次の成長を見据えて行うものです。業績が悪化している時に、仕組み化なんてやっている暇はありません。

目の前で火事が起きているのに、消防署の適正配置や連携の仕組みづくりについて検討しても意味がないのです。目の前の火事を消すことに専念しなければ、火は消えません。

今月・来月の受注がなくて困っている時に、マーケティングの仕組み化をしたところで、売上は上がらないのです。必要なのは、社長が直接、営業の指揮を執ること。場合によっては、社長自身が接客して受注することです。そこに仕組みなんて必要ありません。現場に出て、現地を見て、お客様の生の声を聞けば、自ずと改善すべき点が見えてきます。社長自ら受注に向けて動いている姿を見れば、社員の士気も高まることでしょう。危機に際しては、先頭に立つのが社長の仕事であり、のんびり仕組みをつくることではありません。

世の中には、仕組み化だけでなく、ミッション・ビジョン、パーパス経営など、聞こえの良い言葉は沢山あります。しかし、それらは業績の良い企業が取り組むもの。青息吐息の会社の社長が、手を出すべきものではありません。それは、現実逃避にしかなりません。

業績悪化に悩んだら、社内で仕組み化に取り組むのではなく、社長が営業の前線に出ましょう。後ろから社員が付いてきてくれるかどうかは、日頃の行い次第です。

4 Accounting
会計

数字に強い社員をつくる

自社の儲けは？

自社の営業利益が何％なのかを知らない社員は、20万円の値引きがどれだけインパクトがあるかが分からない。

工務店の社員向けに財務研修を行う際、冒頭で自社の損益を円グラフに書いてもらう。難しい話ではなく、1つの円を売上と見なして、その中を「原価・販管費・営業利益」に分けてもらうだけだ。

一般的な工務店であれば、左図のように原価70～80％、販管費20～25％、営業利益2～7％程度になる。普段から決算書を見ている経営者や経営幹部にとっては当たり前の話だが、営業担当者や現場監督は結構間違える。普段、業務上で話している「粗利25％」が、そのまま営業利益だと勘違いしている人も少なくない。営業利益3％ということは、2000万円の住宅1棟あたり、60万円だ。競合他社と相見積もりになったので100万円値引きしたい、クレームのお詫びに原価70万円の外構工事をサービスしたいなどとなれば、営業利益は簡単にマイナスになる。勿論、1棟で会社の決算書がマイナスになる訳ではないが、営業利益は数％で、それはちょっとした値引きやミスでマイナスになるのだという感覚は持っておいてもらった方が良い。

逆も然り。営業利益を1％分だけ増やそうと思ったら、小さな取り組みが大事だと分かる。1棟2000万円で年100棟の会社の売上は、20億円。営業利益率3％なら、6000万円である。この会社が営業利益率4％にしたいと考えた場合に何ができるか。1％は1棟あたり20万円、

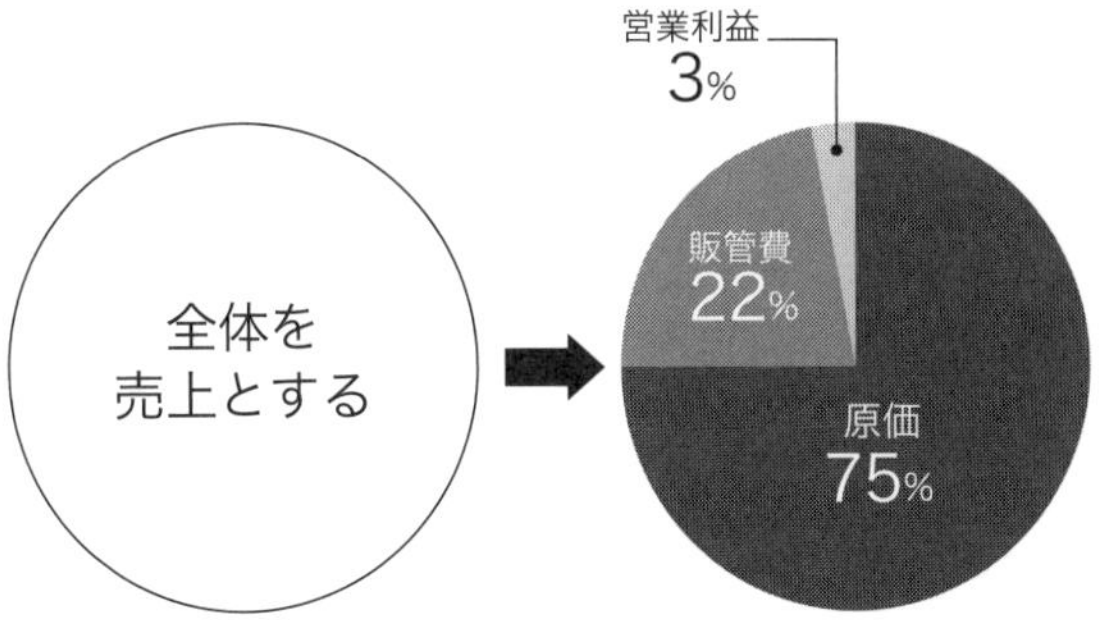

100棟で2000万円の増益が必要となる。

1%の取り組みとはどのようなものか。20万円の値上げをする、100日の工期を99日に短縮する、100円で買っていたビスを、99円で買う。その1%の取り組みで年2000万円の差になる。勿論、正確にはこの通りではないが、少しの差が全体としては大きな違いを生む感覚が重要だ。

他社の損益計算書

前述の円グラフは、ぜひ自社の社員に試してみてもらいたい。どこまで損益の感覚を掴んでいるかを把握できる。ついでに時間があれば、他社の損益もクイズのようにやってみよう。

左図は、先の例と同じように円グラフを原価・販管費・営業利益に分けたものである。モデルとなっている会社は、任天堂・イオン・資生堂だ。それぞれの円グラフが、どの会社を示しているか分かるだろうか。いずれも最新の連結決算の数字を用いている。

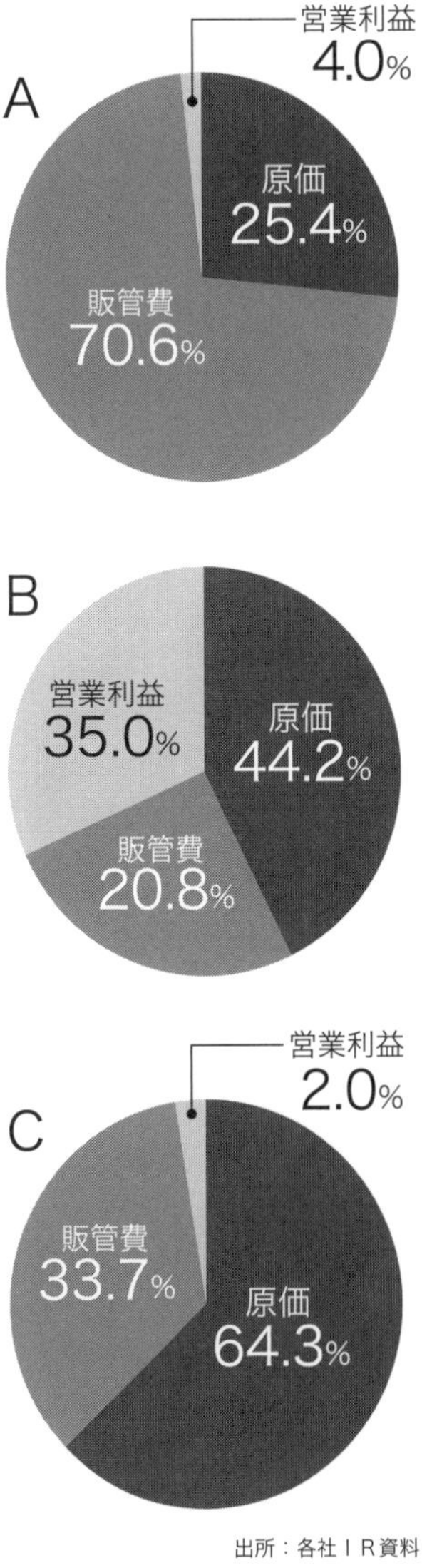

出所：各社ＩＲ資料

それぞれの業種にどんな側面があるかを考えながら解いてみよう。社員には数人のグループで考えてもらっても面白い。勘で当てるのではなく、どんなビジネスモデルなのか、現在の環境はどうなのか、なぜ利益率が高いのかなどを議論することで、数字に対する感覚が身に付くだろう。

正解は、Ａ：資生堂（２０２３年12月期）、Ｂ：任天堂（２０２４年３月期）、Ｃ：イオン（２０２４年２月期）だ。原価が低く、多額の広告費・販売経費が掛かる資生堂がＡ、相対的に販管費の掛からないソフトのダウンロード販売・オンラインゲームが好調な任天堂がB、ショッピングモールからサービス業、金融まで幅広く手掛け、規模は大きいが営業利益率が低いイオンがCである。

もう1問は、住宅業界から。土屋ホールディングス、日本ハウスホールディングス、飯田グループホールディングスの決算が、左図のD・E・Fのどれに該当するだろうか。自社の決算書と何が違うのか、その理由なども考えると良いだろう。

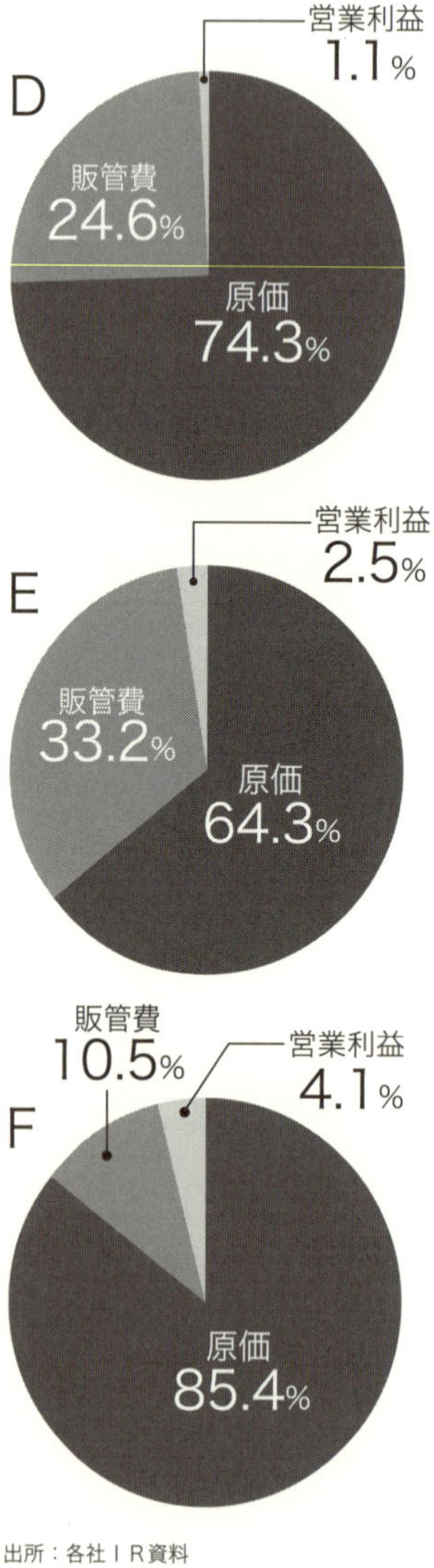

出所：各社ＩＲ資料

相談事例 file10

Q.　どうしたら営業利益率を上げられるのでしょうか？

**A.　利益率は体質です。高くならないのは、
社長に上げる気がないからです。**

中小の工務店の営業利益率は、2～3％ですが、稀に利益率を上げたいという相談があります。大手工務店の5～10％の営業利益率を見て、自分の会社も利益率を上げようと思い付くこともあるのでしょう。

税金をなるべく払わずに済ませようと意図的に利益率を抑えてきた会社が、急に10％の利益を出そうと思っても出せません。営業利益率は長年染みついた会社の体質ですから、社長が本気で変えようと思わない限りは無理なのです。

しかし、実は本気で利益率を上げようと思っている社長は多くありません。大きく成長するためには法人税を払ってでも利益率を高めた方が良いという段階があるのですが、その段階でも「税金で取られるくらいなら」「今までそんな利益出たことないし」などと心の中で言い訳をして、利益率を上げられないのです。

極端な話、売上10億円の会社で3,000万円の役員報酬を0にすれば、3％の利益上乗せができます。先述したように原価を見直して、100円で買っていたものを99円で買う。100日掛かっていた工事を99日に短縮するだけで、1％の利益上乗せができます。

1本50銭の釘を製造して利益を出しているような製造業からみると、工務店のコストは、まだまだ削減の余地があります。要は社長が本気で利益率を上げようと思えば、工夫の余地はいくらでもあるということです。本気ならば。

まずは、目標の営業利益額・利益率を決めます。そこから

必要な売上高を逆算し、原価、販管費の上限額を算出。それを前期の決算書と比較すると、どれだけコスト削減しなければならないか、または売上の積み増しが必要なのかが見えてきます。大抵は、実現が困難な数字になるでしょう。

それでも実行しようとすると、社内から反発されます。販売単価の値上げを指示された営業部も原価削減を指示された工務部も、販管費の見直しを求められた管理部も、面従腹背でしょう。利益率アップの効果は見込めません。それが長年積み重ねてきた会社の体質であり、生半可な気持ちで変えられるものではありません。

その体質を変え、高収益の会社をつくるには、社長に相当の覚悟が必要なのです。

【184ページの答え】
D: 土屋ホールディングス（2023年10月期）
E: 日本ハウスホールディングス（2023年10月期）
F: 飯田グループホールディングス（2024年3月期）

問題は試算表にある

なぜ、試算表は役に立たないか

多くの工務店の社長が、月次試算表を見ていない。理由は至極簡単。見ても意味がないからだ。

一般的に工務店の場合は、建物の引き渡しが終わるまでは売上高に計上しない（工事完成基準）。そのため、どんなに忙しく工事をしている期間でも、引渡し物件がなければ、月次試算表では売上高は「０円」である。しかもその月次試算表ができあがるのが、２ヶ月遅れだとしたら、全く経営の役に立たないのは明白だ。

一方、意味のない過去の試算表を見るのではなく、数ヶ月先の利益を先行して管理できる仕組みを持っている企業もある。「半年先の決算が予測できたら……」「残った物件で、あと何%原価を抑えれば黒字になるだろう……」という社長の悩みは、後述する「利益先行管理表」で簡単に解決するのだが、その前に試算表が経営判断に役立たない理由を整理しておこう。理由は3つだ。

工事完成基準

建設業における工事会計は、工事完成基準か工事進行基準のどちらかを採用する。簡単に言えば、収益と費用をどの段階で計上するかという違いだ。工事完成基準とは、工事が完成して引渡しを行った時点で、その工事に関わる収益と原価を計上する方法。工事の引渡しが行われるまでに発生した原価は、貸借対照表に資産として計上され、工事の引渡しを行った時点で収益と費用を計上することになる。

一方の工事進行基準は、工事収益、原価と決算日における工事進捗度を合理的に見積もって、当期の工事収益と原価を計上する方法。工事進行基準の場合には、決算期末に施工中の物件も計上することになる。

住宅の場合は工期が短いため、一般的に工事完成基準が採用されているが、期中の試算表が実際の仕事量と合わない場合が多い。

例えば、12月決算の工務店で、年末に全物件の引渡しを行い、年を跨いで建築中の物件はない場合を想定する。

この工務店が、単価２５００万円の住宅を1月に３棟、２月に４棟、３月に５棟を受注した。３月末時点での受注高は12棟で３億円になり、全物件が着工済だ。１月の受注分は４月から引渡しが始まる。社員は忙しく働いていることだろう。

しかし、試算表ではその忙しく働いた売上は見えてこない。下の表が試算表に出てくる数字である。

期首から３ヶ月間は、受注や工事はあっても完工引渡済の物件はないため、売上高は０円であり、工事の原価も計上さ

（万円）	１月	２月	３月	3月末累計
売上高	0	0	0	0
原　価	0	0	0	0
粗利益	0	0	0	0
販管費	1,900	1,900	1,900	5,700
営業利益	△1,900	△1,900	△1,900	△5,700

れない。人件費や広告費といった販管費だけが毎月計上されて赤字となる。3月末での累計では、売上も原価も0円、販管費だけ3ヶ月分が計上されて5700万円の赤字になっている試算表ができあがる。

この試算表が何の役に立つのだろうか。工務店経営者が試算表を見なくなるのは当然だ。試算表よりも、自分の勘の方が実態に近いのだから。これが、1つ目の理由である。

遅い試算表

前述の通り、ただでさえ役に立たない試算表であるが、それが遅れて出てくるとなればなお悪い。

さすがに手書き伝票で経理を行っている会社はないだろうが、社内の経理ソフトで入力はしていても、税理士のチェックを経ないと試算表が出せない会社も未だに少なくない。月末で締めた協力業者からの請求書が全部届くのを翌10日まで待って、現場監督に請求ミスがないかを15日までに確認してもらい、それから経理担当者が経理ソフトに月末までに入力する。翌月、会計事務所の職員が来社し、入力ミスがないか仕訳が適切かなどをチェック。会計事務所のオフィスで最終確認後に、確定した月次試算表として社長宛に届けられる。その試算表は２ヶ月前のものだ。３月末で締めた試算表を社長が目にするのが5月下旬になるのだとすれば、ますます試算表を見る気が失せるのは仕方がない。これが２つ目の理由だ。

近年は、クラウド会計を導入する企業も増えてきた。銀行口座のデータや法人カードの引落データもリアルタイムに反映され、会計事務所も入力状況を遠隔で確認できる。発注書、工事請書、請求書が同額で管理できる仕組みも導入していれば、月次決算の速報値は月末で締めた段階で、概算は把握できる。リアルタイムで把握しなくても良いが、遅くとも翌月10日には試算表が欲しい。それより遅くなると、数字を基にした経営判断が難しくなる。

実行予算の精度

最後に3つ目の理由は、実行予算の精度の問題だ。各現場の実行予算書が正しいものであれば、完成工事一覧表に掲載された粗利額を合計したものが会社の粗利額になる。実行予算で予定している粗利額と完成後の粗利額に大きな差異がなければ、何も問題はない。

しかし、実行予算の精度が悪い、着工前に実行予算ができていない、各現場には実行予算書はなく原価の集計表しかないという状態であれば、会社の業績を把握することは困難だ。

実行予算の精度が悪く、実際原価とかけ離れていれば、発注段階で粗利は大きく狂うことになる。また、完成した現場の原価を締めようとしても、後から請求書が忘れた頃に届くような状態では、各現場の原価を締めることができない。つまり試算表の数字も確定しないことになる。

実行予算は本来、受注前に作成するもの。遅くとも着工前には作成していなければならない。見切り発車で現場が始まれば、目標となる数値がないために現場が赤字になっていても早期発見できないからだ。赤字でも黒字でも、工事が終わってみないと分からないということになる。

着工前に実行予算ができていて且つ精度が高ければ、工事一覧を見れば会社全体の業績を把握できる。しかし、実行予算の精度が低ければ、会社業績を把握する精度も低くなる。

以上、「工事完成基準」「遅い試算表」「実行予算の精度の悪さ」の３つが、試算表が経営判断に役立たない理由である。

利益先行管理

試算表を意味のあるものに変え、社長が会社の状況を適切に把握するには、「利益先行管理表」が最適だ。

利益先行管理表とは、工事一覧表と試算表を組み合わせて、会社の現状と決算までの売上・粗利・営業利益を先行して把握するもの。

考え方は非常に簡単だ。工事一覧表と試算表の数値の入力により、決算予測を常に先行して把握するだけ。新たなソフトは必要なく、社内のエクセルで十分である。

　工事完成基準のため、試算表では工事が完成するまで売上は計上できなかったが、利益先行管理表では受注した段階で工事売上と原価を完成予想月に計上する。販管費は予算通りに1年分を計上しておく。

　前述した12月決算の企業の例で利益先行管理表を作成してみると、下の表②のようになる。

　1月に受注した1棟2500万円（粗利25％）の住宅3棟分を4月に完工引渡予定、2月に受注した4棟分を5月に引渡、3月受注の5棟分を6月に引き渡す。受注した段階で、その引渡予定月に売上高を記

表①

（万円）	1月	2月	3月	3月末累計
売上高	0	0	0	0
原　価	0	0	0	0
粗利益	0	0	0	0
販管費	1,900	1,900	1,900	5,700
営業利益	△1,900	△1,900	△1,900	△5,700

表②

（万円）	1月	2月	3月	4月	5月	6月		先行管理
売上高	0	0	0	7,500	10,000	12,500		30,000
原　価	0	0	0	5,625	7,500	9,375		22,500
粗利益	0	0	0	1,875	2,500	3,125		7,500
販管費	1,900	1,900	1,900	1,900	1,900	1,900		22,800
営業利益	△1,900	△1,900	△1,900	△25	600	1,225		△15,300

載する。

３月までの試算表は同じように見えるが、右端にある先行管理の欄を見てもらいたい。売上高３億円、粗利７５００万円、営業利益△１億５３００万円という数字が並んでいる。これは、現時点（３月末）で確定している数値である。仮に、これ以上受注が増えなければ、今期は１億５３００万円の赤字になる。

前の表との大きな違いは、先行管理の欄を見ることにより、常に今期の決算予測ができるという点にある。

この表を作成した３月末時点で、半期決算の営業利益は、△３９００万円になることが予測できる（１～６月の営業利益を合計）から、半期決算で黒字にするためには、４～６月販管費の圧縮と６月までに引渡せる建売在庫の販売が必要なことが分かる。

経営幹部と情報を共有する

利益先行管理表の考え方はシンプルだが、実際に使ってみると、経営を把握するのに非常に役に立つことが分かるだろう。

オススメは、役員会や経営幹部会議の月次報告資料として定着させることだ。毎月、利益先行管理表を見ることで、経営幹部も常に決算を意識することができる。

先の例で、決算を黒字にするためには、営業赤字1億5300万円を1棟粗利額625万円（粗利率25％）で割り返した25棟の受注・完工が必要なことがすぐに分かる。営業部長は追客中の案件で棟数が不足しそうであれば、イベント集客など必要な対策を早めに検討できる。工事部長は、これから着工する工事で粗利率を何％引き上げねばならないかを把握でき、管理部長は販管費で圧縮すべき金額を具体的に数値で検討することができるだろう。

受注から引き渡しまでの期間が、4ヶ月あるとすれば、決算予測は4ヶ月前には、ほぼ間違いのない数字が見えるようになる。追客している期間も含めると、半年前には大体の決算数値予測はできるようになる計算だ。決算から2ヶ月後に、税金を納める段階で初めて自社の決算数値を知るのとは雲泥の差である。

半年先の決算数値が見えていれば、来期の受注に向けて余裕を持って戦略を練ることもできる。融資を受ける場合にも銀行への説明がスムーズだ。売上0円の試算表と利益先行管理表のどちらが銀行にとって分かりやすいかは言うまでもない。更に、利益先行管理表を幹部社員と共有することで、利益に対する意識が高まり、原価管理や受注・施工スピードの意識が高まる効果も期待できる。

利益先行管理表ができない理由

作成が簡単で効果は大きい。良いこと尽くめの利益先行管理表であるが、実際にやってみるとできない企業も多いようだ。

できない理由は様々あるだろう。工事一覧表が正確ではない、受注時の粗利予想と完成時の粗利が大幅に乖離する、完工後に遅れてくる請求書があって締められない、販管費の詳細な予算がない、広告予算が決まっていない、工期が曖昧で引渡時期が確定できない等々……。しかし工務店としてこれらの基本的なことができていれば、利益先行管理表を作成することはさほど難しくない。スムーズに作成できない場合は、その原因を探ることが経営改善につながる。

毎月、正確な利益先行管理表を作成できる体制をゴールとして、できない原因を解消していけば、先行管理表ができる頃には、常に先手を打てる強い工務店ができあがっていることだろう。

損益分岐点

利益先行管理表の運用には、損益分岐点売上高も理解しておいた方が良い。

あなたの会社は、何棟分の余裕があるだろうか。事業の損益がプラスマイナスゼロになる損益分岐点から、どれだけの余裕があるか確認しておこう。

損益分岐点売上高は、事業の損益がプラスマイナスゼロになる売上高のことである。損益分岐点が低い場合には、実際の売上高が小さくても赤字にはならず、逆に損益分岐点が高い場合は、少しの売上減少で赤字になる。損益分岐点分析は、基本的な分析手法として、どの会社でも一度は計算しているだろう。近年の原価高による粗利益率の変化に対応するためにも、改めて計算してみると良い。自社がどこまで受注減に耐えられるのか把握しておいて損はない。

計算式は、「損益分岐点＝固定費 ÷ 限界利益率」である。計算の前提となる固定費や限界利益について確認しておこう。

固定費と変動費

損益分岐点分析を行うためには、まず費用を固定費と変動費に分解する。固定費は、施工棟数の増減に関わらず一定期間変化しない費用のこと。固定費の主なものとしては、事務所の賃料や従業員の人件費などがある。急に受注が減ったからといって、すぐに削減できない費用だ。

変動費は、材料費や外注費など、売上がなければ発生しない費用のこと。施工棟数に比例して増減する。受注がなければ、協力業者に払う工事費用も発生しない。この変動費と売上高との差額を限界利益といい、売上高に対する限界利益の割合のことを限界利益率という。

なお、固定費と変動費を厳密に分けようとすると実は大変な手間が掛かる。例えば、工場で使う電気代は、製造が増えるほど増える変動費だが、一切使わなくても基本料金は固定で掛かる。これは変動費に分類すべきか否かと考え始めると何も進まなくなる。そこで、中小企業庁の推奨する基準では、建設業の変動費は、材料費、労務費、外注費、仮設経費、動力・用水・光熱費（完成工事原価のみ）、運搬費、機械等経費、設計費、兼業原価となっている。

この基準でも未だ面倒だと感じる場合は、工事原価だけを変動費と考えても良い（但し、自社大工や設計の人件費を原価に入れている場合は、その分は固定費に回す）。固定費か変動費かが不明な場合は、固定費に算入しておけば安全側で計算ができるので、悩んだら固定費に入れておこう。

実務上は、ある程度ざっくりで良い。まずは大まかにでも損益分岐点を把握することが大事だ。

損益分岐点の求め方

1棟2000万円の住宅を受注し、材料費や外注費など1500万円が原価（変動費）だとすると、限界利益は500万円（2000万円－1500万円）となる。会社の運営に関わる固定費（事務所家賃、人件費、水道光熱費等々）が年間1億円の会社であれば、20棟の完工で利益はプラスマイナスゼロ。その時の売上4億円（@2000万円×20棟）が、損益分岐点売上高である。

この会社では完工19棟だと赤字、21棟だと500万円の黒字である。20棟で固定費分の利益は賄えているので、21棟以降は限界利益がそのまま営業利益になる。30棟なら5000万円（@500万円×10棟）の営業利益である。現在の売上が6億円なら10棟分の余裕があり、4・2億円なら1棟分の余裕しかないということになる。まず、自社の損益分岐点を求めて、何棟分の余裕があるか確認をしよう。

Q. 役員の経営意識を高めるために、自社株を持たせようと思うのですが、どのような方法が良いですか。

A. 持たせるのを止めましょう。

役員にもっと経営に参画してもらいたいと思っている社長も多いことでしょう。役員達が経営について深く考え、自発的に改革案を提出したり、新規事業を発案してくれたりしないだろうか……。金融機関からの借入や資金繰りについても、同じ株主として一緒に悩んでくれる役員がいてくれたら……。そんな思いから、役員に自社株を持たせようとするオーナー社長が一定数いるようです。

2018年版の中小企業白書に、役員や従業員に自社株式を保有させることのメリットについて質問した調査があります。それによると、オーナー社長の大半が「経営への参画意識の向上」「業務向上意欲の上昇」と考えているようです。

オーナー社長から自社株を譲り受けた役員が、積極的に経営に参画し、社長と一緒に会社を盛り立ててくれる……残念ながら、それは幻想です。

自社株の一部を持たせたところで、役員に劇的な変化は見られないでしょう。優秀な役員は自社株に関係なく働きますし、そうでない役員も大きな変化はないでしょう。

無論、ＩＰＯ（新規株式公開）を目指す段階でストックオプションを付与するとか、上場企業の社員持ち株会なら意味があります。しかし、株式を公開していない中小企業において、株を役員に持たせることは、デメリットしかありません。市場で売れない株式を持たされ、それで責任も負わされるなんて、役員にとっても迷惑でしかありません。

会社を社長の子供に相続させる時にも、他社へ売却する際にも、一部の役員が株を持っていることによって上手くいかないことが多々あります。

役員も年を取り、退職します。退職後の役員が株を持っていたり、場合によっては相続されて、会社と何の関係もない親族が株を保有していたりすることもあります。良かれと思って役員に株を無償で与え（これ自体も問題はありますが）、その数十年後に何十倍〜何百倍もの金額で、見ず知らずの親族から買い取らざるを得ないなんて、馬鹿らしいと思いませんか。

かようにデメリットしかないのですが、なぜか役員に自社株を持たせたがる社長が多い。自社株を役員に分けたところで、社長としての重圧を分けることはできないのですが。

利益だけでなく、資金も先行管理を

資金繰り表がない

「資金繰り表を作成していますか？」と尋ねると、ほとんどの会社から「もちろん。毎月の入金予定表と支払予定表を作成していますから」との返答がある。しかし、実際見せてもらうと、それは「資金繰り表」ではなく、「入金」と「支出」の集計でしかないことが多い。

「今月の入金予定額が○○円で、支払予定額が××円だから、ぎりぎりだけどまぁ。新規に借入をしなくてもなんとかいけそうだな」と思っていても、住宅建築の場合は、入金スケジュールは工事の進行度や施主の融資実行のタイミングによって変更になることも珍しくない。

しかし、給与や材料・外注への支払日は固定されており、借入の返済や経費の口座引き落とし日もこちらの都合で簡単には変更できない。予定が変わって一時的に資金が足りなくなることも予想しておかねばならない。

また、潤沢に資金があったとしても、季節によってその資金量は異なるはずであるから、投資を行う際にも、どのタイミングで資金の支出をするかは慎重な判断が必要になる。

「資金繰り表」とは、その名の通り資金をやりくりするためのもの。実際に活用するには、シミュレーションができなくてはならない。ここで、このぐらいの投資をしたらどうなるだろうか？　この入金とこの入金が月ズレ、日ズレしたら資金不足額はいくらか？等々、日々の状況変化を資金繰りに反映させて、精度の高い資金繰り表を作成することが必要である。

作成のポイント

資金繰り表の作成ポイントは、標準工期が平均3ヶ月であれば、3ヶ月先まではほぼ確定した堅い数字で掴めるようにすることと、その入金が予定なのか確定なのかを区分して見られるようにしておくこと。また、支出の予定には、毎月の固定支出や、税金・社会保険・労働保険など支出する額がおおよそ予想できるものは、先に組み込んでおくことで使える資金繰り表になっていく。

資金繰り表はナマモノなので、なにより鮮度が大事だ。昨日の情報では既に鮮度が落ちて使えないものになっているかもしれない。資金繰り表の鮮度（精度）を上げるためには、経理の情報だけで作成するのではなく、営業・工務の情報も反映させ、日々更新していくことが必要である。そのためには、経理にきちんと情報が集まる仕組みになっているかを今一度確認しておこう。経理が受注も完成引渡時期も把握できない社内体制では、鮮度の良い資金繰り表は作成できない。

赤字では倒産しない

ご存じの通り、会社は赤字でも資金があれば倒産はしない。しかし資金繰りで失敗すれば、倒産に直結してしまう。勿論、資金不足に至るまでには様々な理由があるが、当面の間の資金が調達できれば、その間に経営の体制を建て直していくこともできる。会社の資金はいつも一定額を保てるわけではなく、様々な理由から過不足が発生する。資金がショートしないように、資金の入りと出のバランスを図ることを第一に考え、不測の事態に備えよう。

半年後の現預金の額は？

あなたの会社では、半年後の現預金の額をすぐに答えられるだろうか。常に資金を意識するには、日次資金繰り表を作成するのがオススメだ。

一般的に用いられる資金繰り表は、月単位の月次資金繰り表である。月次資金繰り表は、向こう半年~1年の予定を立て、先の資金繰りを見ていくもの。それに対して日次資金繰り表は、日々の資金繰りを管理する資料として有効なものである。

日次資金繰り表は、毎日の入金と出金の取引を1つずつ入力する。給与支給日や支払い時期、売上入金日など、日単位で残高を把握することができるため、月末の資金は足りていても、25日の給与支払日時点でマイナスになっている場合など、より細かな単位で確認することができる。

勿論、そこまで資金繰りが逼迫していなければ、日次で管理する重要性は低いが、いざという時に作成できるように準備しておこう。日次を作成できていれば、集計したものが月次になるのだから、普段は月次で確認し、必要な時に日次を見られるようにしておけば良い。

日次資金繰り表を作成するために

とはいえ、日次資金繰り表をつくるのは簡単ではない。作成できる環境が整っているかどうかは３つのポイントで決まる。

１つ目は、経理に情報が集まる仕組みがあるかどうか。日次で管理しようとすると、受注情報や販促費支払いのタイミング、人材採用時期など、社内の情報（数字）を経理に集約する必要がある。これができていないと日次資金繰りをつくることはできず、全体にどんぶり勘定の経営になる。

２つ目は、工事の予実管理ができているかどうか。実行予算が着工前にできていて、発注書が切られていないと、工事の支払額の予測がつかない。また、完工後に速やかに実行予算との差異が確認できなければ、支払額も確定できない。販管費よりも原価の支払額が大きいのであるから、実行予算の体制が整っていないことには、日次資金繰り表の作成は難しい。

３つ目は、工事の進捗管理ができているかどうか。ほとんどの工務店では、着手（着工）金・中間（上棟）金・最終（引渡）金と、３〜４回に分けて工事金額を受け取る。当然ながら工事が遅れると、予定していた中間金、最終金の入金が遅れる。遅れることも問題だが、その情報が経理に伝わっていなければ、現場の遅れが資金不足に直結する。

営業や工事の担当が、工事の進捗と会社の資金が直結していることを意識していない会社では、施主からの入金日が月末に設定されていたりする。しかし入金日を月末にすると、その入金額は同日の支払資金として使えない場合がある。月末に入金になる予定の10棟分の最終金をあてにしていても、それが同日の工事支払に使えなければ、資金が不足するなんてことがある。引渡しが1日延期になれば、更に大変なことになる。だから、資金繰りに意識の高い会社では、入金日は月末ではなく、数日前に設定するように施主に依頼している。自社の社員に、その意識はあるだろうか。

社内の数字を正確に

日次資金繰り表を作成しようとすると、営業や工事を含めて社内の情報を正確に収集することが必要になる。

結果的に、日次資金繰り表ができる頃には、営業情報は集約され、実行予算ができてから着工するようになり、工事の進捗管理もできているようになる。自ずと社内の数字が正確になり、資金繰りも安定するのだ。

良いこと尽くめではあるのだが、ほとんどの経理担当には、日次資金繰り表の作成を入り口として、社内改革をするほどのエネルギーも権限も持ち合わせていない。経営者がその重要性を認識してサポートすることが成功の鍵だ。

工務店の経営を揺るがすような環境の変化は何度も起きる。半導体不足により住設が確保できず工期を延長したり、代替品を探して奔走したりしたこともあるだろう。新築住宅の引渡し時期が延びれば、最終金を受け取れないために資金繰りが悪化する。低価格帯で粗利益率が低い住宅を販売して拡大路線にいた工務店には、かなり厳しい逆風だ。

売上が拡大して調子が良い時も、リスクには備えておかねばならない。無論、最悪の事態ばかり考えていても仕方がないが、調子が良い時期だからこそ、手を打っておかなければならないこともある。

経費の削減

業績が下降気味の時は、社内で財務・経理部門の力が強くなる。緊急事態であれば、出血を止めるために大幅な経費削減が必要だが、度が過ぎると問題になる。

弱気になった経営者と経理担当者をイメージしてもらいたい。弱気になった経営者は「経費削減病」に罹る。業績が悪化した時に、売上を伸ばす方策を考えるのではなく、社内の経費削減に取り掛かるのだ。

コピー機に裏紙を使ったり、事務所の蛍光灯を少なくしたり、冷暖房の使用を制限したり、行き過ぎた経費削減は、労働環境が劣化し社員のモチベーション低下につながる。

ほとんどの工務店で、大幅に経費を削減できる余地は残っていないだろう。今時、際限なく交際費を使っている企業もない。簡単に削減できる無駄な経費がほとんどないため、自ずと削減対象は販促費や将来の投資に及ぶ。売上を稼ぎ出す筈の広告など前向きな投資を止め、目先の経費を減らすことに躍起になる。

経費削減病の厄介なところは、病に罹った1年目は利益が出やすいがために、自分が経費削減病に罹ったことに気づかないことにある。

今期の売上は、前期までに投資していた広告や人材等によってもたらされているため、今期の支出を削減しても売上への影響は少なく、削減した分だけ利益が出る。広告を止めて人員を削減すれば、一時的に利益は出る。

大変なのは、投資を削減した影響が出る翌期だ。1年目で経費削減は利益が出ると思い込んでしまった経営者は、2年目も同じ経費削減を続ける。しかし、今度は前年に投資をしていないために売上は上がらない。すると利益を確保するために更に経費削減を続けなければならなくなり、ますます事業規模は縮小していくことになる。

売上拡大時のリスク

逆風が吹く住宅業界においても、売上を拡大している企業はある。売上が拡大している工務店で気をつけねばならないことは、利益率である。

製造業であれば、売上拡大は1個あたりの製造原価の低下、すなわち1個あたりの利益増加につながる。大量生産により、材料を安く仕入れられ、常時稼働による生産効率の上昇、間接費の配賦額減少等により、1個あたりの生産コストが下がる。

しかし、注文住宅は「受注生産」であり、生産したものを販売する製造業とは違う。受注生産を基本とする工務店では、大量販売＝コスト減とはならない。

極端な話、年間50棟の会社が、翌年に年間100棟になったからといって、建材や住設は2分の1の価格にはならない。大工の手間も同様である。

逆に急激な売上増で現場の進捗を管理しきれず、手待ち時間が増えたり、発注ミスによる混乱などが発生したりすることの方が多い。優秀な工務担当者をすぐに採用しようと思っても、残念ながら優秀な工務担当者は暇ではないので転職活動などしていない。現場管理が疎かになり、受注が倍増しても利益が減少することはよくある話だ。

増やすべきは「投資」

売上が急拡大すると、お金を使いたくなるものだが、この時期に増やすべき支出は、「経費」ではなく「投資」である。

「経費」は現在に対する支出である。例えば、事務所を大きくしたり、高級車を買ったり、壊れてもいないパソコンやコピー機を買い替えてみたり……、現状に対して行う消費が「経費」である。数年後に売上が減少するようなことになった場合でも、一度大きくしてしまった事務所の光熱費や、車やコピー機のリース代は下がらない。

「投資」とは、未来の利益の源泉になるものに支出することである。数年後に開花する新事業への出資、数十年の効果を見込むブランド広告、数年先に主力になるであろう社員の採用や人材教育、独自工法の研究開発など、これら未来のリターンが見込める支出は、順調な時期に積極的に「投資」すべきである。

「経費」は使えば終わりだが、「投資」は必ず返ってくる。

支出を決める際に、それが「経費」なのか「投資」なのか、少し考えてから判断するべきだ。その積み重ねが、強い会社をつくる。

相談事例 file12

Q. 住宅が儲からないので、他に良い事業はないですか？

A. ありません。

隣の芝生は青く見えるものです。経営が上手くいかないと他にもっと良い業種があるのではと考えたくもなります。

売上の低迷や資金繰り、社員の離反など、長年経営をしていれば苦しい時期は必ずあります。全てを投げ出してしまいたくなる気分になることもあるでしょう。

しかし、一時的に経営が苦しいという話と住宅が儲からないという話は少し違います。住宅は儲かりやすい事業です。他業種や非住宅分野に進出した経験のある社長なら、他と比べて住宅の儲かりやすさを実感しているのではないでしょうか。

住宅１棟の売上は、数千万円。１個数百円の商品を売っている業種から見れば、羨ましい金額です。しかも相手は百戦錬磨のビジネスパーソンではなく、一生に一度の買い物をする素人です。

仕事を請けてから費用が発生する「受注産業」であることもポイントです。注文住宅では、受注してから協力業者に発注します。工場など設備投資を必要とし、見込生産をする製造業とはリスクが違います。

お金も前入金で受け取れます。着手金、中間金を貰って、協力業者への支払は数ヶ月後ですから、無借金経営も可能な業種です。

儲からない工務店は余計なことをやり過ぎていることが多いようです。自分達が得意な住宅を建てることに集中している会社が安定して利益を出しています。

良かれと思って、施主の要望を際限なく聴いてしまうと利益率は落ちるし、苦手な設計や初めての施工に手を出して大きなクレームになってしまうこともあります。

設計方針を決め、やらないことを明確にし、シンプルに当たり前のことを当たり前にやれば儲かるのが住宅事業です。

残念ながら、住宅業界で儲からないのであれば、他の事業に進出しても早晩行き詰まることでしょう。

隣の青い芝生を眺めていても何も良いことはありません。足下の芝生を青くできるのは経営者以外にいないのですから、既存の住宅事業で儲かる方法を考えましょう。隣の芝生を見て、ゆめゆめ外構エクステリア事業に手を出したりしないように。

Scenario 5
シナリオ

論理ではなく、物語

論理的思考

問題解決の場面では、論理的思考（ロジカルシンキング）が重視される。ロジカルとは、「論理的」「合理的」「理に適った」という意味で、論理的思考とは物事を体系的に整理し、矛盾や飛躍のない筋道を立てる思考法のことである。

社内の問題や課題を見つけ原因を分析し、解決策を導き出すためには、筋道を立てて因果関係を把握できる論理的思考は必須だ。しかし、解決策の実行段階では、論理的思考だけでは上手くいかない。机上ではどんなに正しく見えても、実際に動くのは「人」であるため、人を動かすことができなければ、何も始まらない。人は論理だけでは動かない。人を動かすのは「物語」である。

論理や数字だけで会社の成長を社員に語っても、社員は動いてはくれない。利益を追求するだけではなく、会社の存在意義や目指すゴールに共感してもらわなければ、企業の成長は一時的なものに留まる。

そこで、経営理念の再定義をしてみたり、ミッション（企業の使命）の設定をしてみたりするのだが、単にお題目だけを並べてみても、社員の身には沁みないものだ。一時の盛り上がりで終わるか、毎日の朝礼で社員が嫌々唱和する結果にしかならない。

社員が自然と会社の目指す姿に共感するようにするためには、壁に貼った社是ではなく、自社の物語が必要なのである。

共通言語

自社の物語は、社内に共通言語を生み出し結束力をも高める。

チームが強くなる要素として、共通言語や共通体験を持つことが挙げられる。誰しも仲間内だけで通じる言葉や内輪ネタを持つことで結束力が強まったと感じたことがあるだろう。

それは会社でも同じである。独自の文化や社風は、言語や体験を共有することで醸成されていく。社内で語り継がれる物語――伝説は、その最たるもの。物語として語り継がれることで、先輩社員の経験を後輩社員が追体験することができる。

対面でのコミュニケーションに時間を割く余裕があった時代では、退職した先輩の逸話や昔の苦労話などが雑談の中で自然と伝わっていただろうが、在宅勤務やオンライン会議が浸透し、飲みニケーションや喫煙室が減っている昨今、非公式な伝説が語り継がれる機会は少ない。故に、公式な伝説として意識的に残し共有する必要が生じるのである。

無論、何を伝えるかも非常に重要である。飲み会の席が社長の自慢話や先輩の「俺たちが若い頃は……」ばかりでは白けてしまうのと同様に、社内の伝説も単なる成功自慢では記憶に残らない。困難に立ち向かい、苦労を重ねた話が共感を生む。

数十年の歴史がある企業は勿論のこと、創業から数年でも既に多くの紆余曲折が思い出せることだろう。特に創業時や業績が伸びない頃の苦労話には事欠かないに違いない。この自社の過去・歴史を上手に継承できれば、経営的に価値あるものになる。

口頭伝承を文書に

自社の過去を価値あるものとして継承するためには、「社史編纂室」に任せていてはいけない。年代順に並んだ会社の歴史は、教科書のようで味気ない。かつて人気を博したＮＨＫのテレビ番組「プロジェクトＸ」のようにエンターテインメントの要素が必須だ。

非公式な口頭による伝承を公式な伝説として文書に残すために、若手社員を活用した研修プログラムを行ったことがある。

入社歴の浅い社員を中心にグループをつくり、先輩社員にインタビューしながら情報を集め、物語を作成していく研修プログラムだ。社員３〜５人のグループで１話を作成するので、30人が参加すると、６〜10話の社内の伝説が載った冊子ができあがる。

冊子を作成するにあたり、プロのライターではなく、社員だけで文章を書くことは大変に思うかも知れないが構成のコツさえ掴めば、伝説の文章を作成するのは誰でもできるようになる。物語の文学的な完成度よりも、その制作の過程の方に重要な意義があることは言うまでもない。

このように文書として残した伝説は会社の姿勢を伝えるものとして、新人採用時の資料にも、中途採用者の研修資料にも使える。自社の仕事に対する誠実な姿勢が明確に伝わるものにできあがれば、営業用資料としても使えるだろう。更に、プロのライターにリライトしてもらい、外部に出せる内容に仕上げれば、書籍として出版も可能だろう。

3つの共有

社内の伝説を文書として残すことによる効果は「3つの共有」にある。

1つ目は「価値観の共有」である。当社にとって「大切にすべき価値観」は何なのかを明確にすることができる。

例えば、基礎を施工した後、図面と数ミリ違うことが分かったとする。その時に自社はどう対応したのか。工期を優先して黙ったまま施工を続けた会社なのか、施主に謝罪して施工を続けた会社なのか、基礎を最初からやりなおした会社なのか。

地域で大規模な災害があった時に、自社で施工した家にどのように対応したか。

経営が厳しい時にどのような判断をしたか、どのような施策を行ったからこそ今があるのか等々。

過去、様々な場面で「判断」をしてきただろう。同じ事象を前にしても企業によって対応は分かれる。そこには自社ならではの「判断の基準」があった筈である。

その判断の積み重ねが、自社にとって大切にすべき価値観である。この大切にすべき価値観に基づく判断基準が物語を通じて新人にも自然と伝わることで、社長やベテラン社員が「あり得ない！」と憤るような自社の価値観に合わない行動はなくなるだろう。

２つ目は「戦略の共有」である。意外と、社員は「なぜ当社は外断熱なのか」「なぜ化学物質を使わない家なのか」「なぜ全館空調なのか」ということを十分に理解していないことが多い。

ホームページのコンセプトに掲載されていても、その決断に至った背景が分からないと、社員の腑に落ちていないものだ。

何がキッカケで現在の工法・サービスになっているのか、その過去を振り返ることで、会社の方向性を再確認できる。全社員が自社の歴史を知ることにより、戦略に対する意識が共有され、チームとしての力を高めることができる。

３つ目は「理念の共有」である。経営理念を会社案内に掲載していても、壁に貼って毎日唱和していても、ことあるごとに訓示を行っても、社員に経営理念を浸透させることは容易でないことは日々実感しているだろう。

思い起こせば、経営理念が端的に表れた過去の出来事と判断がある筈だ。それを物語にすることで、社長の考えが自然と社員に伝わり、理念が共有されていく。箇条書きにされた経営理念では伝わらないことも、物語なら自然と理解することができる。

物語経営

なぜ、社長は良く働くのか。会社の物語を一番良く知っているからであり、会社の物語と社長自身の物語（人生）の重なりが一番大きいから、というのも答えのひとつである。社員が自分自身の物語と重なっていると感じられるような会社の「物語」が、社員の働く意欲を大いに動機付けることは、社長自身が証明している。

過去を振り返り、会社が何を大切にし、今後どこを目指していくのか、そもそもの経営理念・存在意義は何かを再確認する作業は、社員に自分達の会社に対する誇りを想起させる効果がある。

一度、社内の物語――伝説を文書化してみては、いかがだろうか。社長の自慢話の寄せ集めにならないようには気をつけたいが。

相談事例 file13

Q. 良い会社とは、どんな会社なのでしょうか。
最近、どのような経営をすべきか悩んでいます。

A. 自分の子供を入社させたくなる会社です。

良い会社の定義は非常に難しいものです。誰にとっての良い会社なのか、良いとは何か等、考え始めると簡単に答えが出せなくなってきます。

様々な考え方がありますが、書籍としては1980年代の『エクセレント・カンパニー』（トム・ピーターズ、ロバート・ウォーターマン著）が有名です。当時、超優良企業であった世界的な国際企業に共通する8項目がこの書籍で発表されました。書籍に掲載された企業が数年後に業績悪化していた等の批判もありましたが、良い会社のひとつの見方を示しています。2000年代では、坂本光司による『日本でいちばん大切にしたい会社』も話題となりました。

良い会社の定義に関して議論は多々ありますが、シンプルに「自分の子供を入社させたくなる会社」ということを考えるのが良いでしょう。企業オーナーとしてではなく、1人の社員として冷静に自社を見た時に、自分の会社に子供を入社させたいでしょうか。

儲からない、給料が安い、休みが取れない、住宅のクレームが多い、技術力のない素人が家を建てている、社長が頼りない、そんな会社に自分の子供を入社させたいとは思わないでしょう。せっかくなら、業績も社風も給料も良く、顧客満足度の高い会社に勤めてもらいたいのではないでしょうか。

自分の会社は良い会社だろうか、とお悩みの経営者の方には、社員の自宅建築率を調べてみることをオススメします。自社の社員の何割が自社で自宅を建てているでしょうか。

自社の設計が嫌いだとか、施工を見ていたら、自社でだけは建てたくないという社員もいることでしょう。勿論、住宅ローンが組める安定した収入があることが前提で、数十年は自社で働くつもりがなければ、自宅建築率は低いままです。自分の会社が良い会社かを量るひとつの指標として、自宅建築率を調べてみてはいかがでしょう。

「自分の子供を入社させたくなる会社」には、成長性、技術力、顧客満足度、従業員満足度など様々な要素が含まれています。経営判断に迷った時は、その基準で考えてみましょう。

ゴールへの道筋

ミッション・ビジョン・バリュー・パーパス

論理ではなく、物語が社員を動かすことについて説明してきた。次に、過去の物語ではなく、未来の物語をどのように紡いでいくかについて述べよう。

会社の未来を考える時や全社員を同じ方向に進ませようという時は、経営理念の再設定やミッション・ビジョン・バリューが意識される。ミッションは、自社がなぜ存在するのか、社会に提供できる価値は何かという企業の存在意義を示すもの。ビジョンは、より具体的な目指すべき未来像を指す。バリューは企業が共有する価値観や行動指針を示すもので、前述した自社の物語における「判断の基準」に近いものだ。

最近では、「パーパス＝自社の存在意義」を明確にして企業活動を行い、社会に対して貢献していく「パーパス経営」という考え方もある。パーパスが注目されるようになった背景には、社会が企業に求める役割が変化してきたことがある。企業の存在意義に利益の創出だけでなく、社会に対する貢献も求められるようになった。企業が存続するためには自社の利益だけでなく、社会の利益も考えるべきである、という考え方は、近江商人の「買い手よし・売り手よし・世間よし」という「三方よし」にも似ている。

いずれも会社の未来や方向性を決める上で大事な考え方だが、そこに至るまでの道筋、つまり「シナリオ」が見えていないことが多い。遠くにある大きなゴールに向けて、どのように進めば良いのか分からないと、実際の行動に移れない。

バランスを意識した経営

ひとつの解決方法として、バランスト・スコアカードというものがある。

企業業績は、財務諸表で見るのが当然だが、その結果だけを見るのではなく、企業活動を多面的に評価しバランス良くマネジメントしようという経営管理手法を、キャプランとノートンがバランスト・スコアカード（ＢＳＣ）として発表した。

工務店で「売上高」だけを見ていても経営は良くならない。集客数や商談率、成約率は勿論のこと、施工日数、顧客満足度やクレーム発生率などにも目を配らなければならない。

ＢＳＣができた背景には、企業を取り巻く環境や前提条件がより複雑で難しくなり、単なる過去の延長線上には将来がなく、予測が困難になってきたことがある。将来の競争優位へ導くために必要な「計器」がＢＳＣだ。１つの指標だけでなく、企業の戦略をバランスのとれた業績評価指標に置き換えることで、経営者が現在の位置を間違わないようになる。

その特徴は、「財務の視点」「顧客の視点」「業務プロセスの視点」「学習と成長の視点」という、４つのバランスのとれた視点に沿って企業の業績を評価することである。これにより短期的な財務の成果を追求するだけでなく、将来の可能性に投資したり、必要な無形資産を取得したりすることができる。

1つの指標を追わない

多額の広告費を使い、営業担当に発破を掛ければ、短期的には業績は伸びる。成長盛りの新興工務店は、受注が欲しいので当然そうなる。

しかし、目先の売上高だけを業績指標として見ていると、行き詰まる。新卒や中途の社員が育たず、受注が停滞し、クレームが増える。売れていた住宅シリーズが売れなくなり、値引きが増えて粗利率も低下する。社内の業務プロセスも効率が悪く、昔の資料も保存されておらず、アフターもクレームが多くて地域での評判が悪くなる……。新興の工務店が、あっという間に業績を伸ばしたと思ったら、いつの間にか名前を聞かなくなったという事例は枚挙にいとまがない。

工務店が請負業である以上、受注棟数を追うのは当然なのだが、今の受注だけでなく、将来の受注も考えねばならない。将来、他社よりも優位な状態（地元での評判の良さ、紹介の多さ、職人の確保等）で受注できる環境をつくることが経営者の役割になる。

財務の視点

4つの視点を見ていこう。1つ目は「財務の視点」である。財務の面からの成功をどう捉えるかという視点だ。

まずは自社の財務を見る。満足する財務諸表になっていないのであれば、何が原因なのかを財務面から考える。受注が足りないのか、粗利益率が悪いのか、1棟単価が落ちているのか。借入が多過ぎるのか、キャッシュが足りないのか、所有宅地の回転率が悪いのか。そこから財務視点での目標、業績を評価する指標を決める。

なお、その指標は企業がどの段階にあるかも考慮が必要だ。成長期にある工務店は、モデルハウスや人材採用などに対しての投資を行い、業績評価指標は売上の成長率に重きを置く。一方、成熟期にある工務店は、投資は一定程度に留め、投下した資金の回収に重点を置くことになり、営業利益率や自己資本比率を指標とする。

財務の視点を考える際は、自社が急成長を目指す段階なのか、安定成長の段階かを見極め、その上で今後どのような会社を目指すのかを考えることが大切である。

顧客の視点

戦略目標を実現するために顧客に対してどのように行動すべきかを考えるのが「顧客の視点」だ。

考えるキーワードとしては、「住宅ラインナップ」「ブランドイメージ」「満足度」である。

施主目線で見た時、提供している住宅のラインナップは品質・価格・機能・性能・デザイン等の面から他社より魅力的かどうか。

施主から見て信頼できるブランドなのか、商圏で他社よりも選ばれる工務店になっているのか。クレームの数は増えていないか、施主満足度アンケートの結果は良好か、紹介率は上がっているか。このように顧客の視点で自社を見直す。指標としては、集客数・単価やクレーム件数、紹介率などが考えられる。

業務プロセスの視点

顧客を満足させるために、社内はどのようなビジネスプロセスにするべきか、というのが「業務プロセスの視点」だ。

施主のニーズに合う住宅商品を常に開発できているか、営業担当は効率的に成約できているか、人気エリアの土地情報を仕入れられる体制があるか、適切に施主に提案できる社内プロセスがあるか、OB客からのリフォーム相談に的確に対応できる社内体制があるか等、自社内の業務プロセスの視点から考える。

他社がヒアリングしたその場でプラン提案できているのに、自社では似たようなレベルのプランを、2週間掛けないと出てこないのであれば勝ち目はない。

他社がOB客からの電話を受けた時に新人でも即答できるように、顧客データベースと対応マニュアルを揃えているのに、自社では過去の書類を倉庫から探してこないと対応できないのでは、アフターサービスの評判に差が出て当然である。

業績評価指標としては、営業1人当たりの成約件数、プラン提案までの日数、平均施工日数などが考えられる。

学習と成長の視点

戦略目標を実現するために戦力となる社員・組織をいかに確保、育成するかという視点も不可欠だ。財務目標も業務プロセスの改善もそれを行う人材がいなければ機能しない。それを考えるのが「学習と成長の視点」である。

急成長の工務店にありがちだが、中途採用の営業担当が、施主とできない約束をして受注するとか、工事担当が協力業者から裏でお金をもらっていたとか、アフターサービスが現金で回収したお金を会社に隠していた等々。社員の意識が低ければ、どれもこれも起こり得ることだ。

また、自分の成績を上げることしか考えない営業担当や、業務プロセスの改善を考えられない管理職など、ヒトの問題は経営者の大きな悩みのひとつだ。若手が業務プロセスの改善を進言できる社風や、業務に必要なスキルや資格を積極的に学ぶ姿勢、研修制度も求められる。

学習と成長の視点では、社員定着率や従業員満足度、業務改善提案数や資格取得数など、企業が成長するための業績評価指標を考える。なお、評価指標は、その年度の実績に直接影響をするものは少なく、人材への投資や組織の活性化といった未来の業績へ影響する指標が中心となることには注意が必要だ。

戦略マップ

前述の4つの視点を「戦略マップ」に落とし込む。戦略目標を達成するための道筋を図式化することで、経営者はやるべきことが明確になり、社員も何のためにやっているのかを理解できる。例えば左図のようになる。

財務の目標を達成するためには、顧客に満足してもらわねばならない。顧客に満足してもらうためには、社内の業務プロセスを良くしなければならない。業務プロセスを改善するためには、それができる人材の育成が必要だ、というように全てがつながっている。

「目標は地域ナンバーワン」と叫ぶだけでは実現しない。多額の広告費投入と営業担当の気合だけでは息切れしてしまう。

財務の視点、顧客の視点、業務プロセスの視点、学習・成長の視点から、自社を見直し、業績評価指標を決めて着実に進めることが目標実現への近道である。

但し、工務店がＢＳＣを完璧にやろうとすると、上手くいかない。戦略マップを作成するためのデータが社内に充分にないことが多く、そのデータを集めるための調査・研究に膨大な時間が掛かり、費用対効果が薄いからだ。完璧にする代わりに、大きなミッションやビジョンに向けて、そこに至る道筋、シナリオを「なんとなく」可視化するものと考えて使うのが良い。

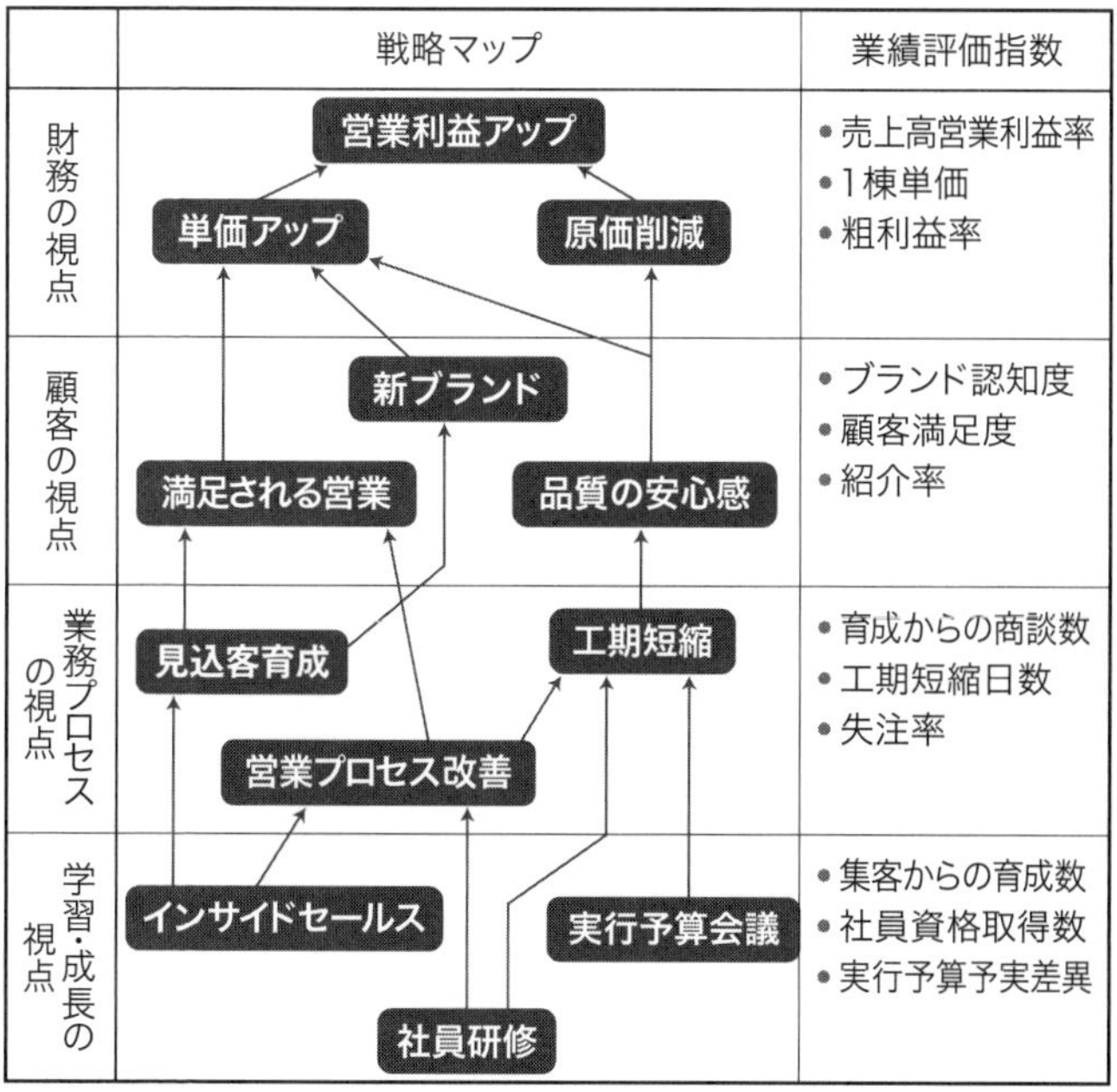

自社が行うビジネスの範囲を決める

エフェクチュエーション

市場を考えて自社の進むべき方向をシナリオで考えるのとは別のアプローチもある。バージニア大学のサラス・サラスバシー教授が提唱した「エフェクチュエーション（実行理論）」は、成功を収めてきた起業家に見られる意思決定パターンを体系化したものだ。エフェクチュエーションでは、未来は予測できないという前提で、手元の資源を用いてコントロールを重視して結果を創り出すアプローチをとる。

従来の経営学では、市場環境を調査し、未来を予測して、意思決定する「コーゼーション（因果）」と呼ばれる方法が一般的だった。世の中に既に市場があり、市場調査などで売上が予測できるような商品であれば、コーゼーションのアプローチによって、未来を予測して、売上目標を立て、投資を計画できる。しかし、短期間に環境が変わる市場で勝負する場合は、未来は予測不可能と捉えて、目標を立てずに手元にある手段を用いて未来を創り出すエフェクチュエーションのアプローチが必要とされる。

一般的な住宅事業を行う上では、エフェクチュエーションは不要だろう。隣町に支店を出そうと考えた場合には、これまで述べてきたように、その地域の着工戸数や競合先等を調べ、売れている住宅の単価や年収が自社商品とフィットするか、何棟ぐらいが見込めるか等々を検討していくコーゼーション的なアプローチが合っている。ここでは、住宅事業以外のビジネスを始める時を考えてみよう。注意点として、前章の最後でも述べたように、当然新事業に乗り出すのは現状の住宅事業が波に乗っている時だ。くれぐれも住宅が儲からないからという理由で手を出さないようにしてもらいたい。

5つの原則

エフェクチュエーションでは、5つの原則がある。

①手中の鳥の原則

明確な目的に向かって必要な資源を集めるのではなく、既に手元にある資源や能力、人脈等から何ができるかを考えよう。

②許容可能な損失の原則

期待できる利益から投資できる金額を考えるのではなく、失敗した場合でもいくらまでなら損失を出しても良いかを考えよう。

③クレイジーキルトの原則

形や大きさが違う様々なキルト生地を不規則に縫い合わせるパッチワークの技法をクレイジーキルトという。クレイジーキルトのように、競合他社も含めて多様な関係者の力を活用しながら進めていこう。

④レモネードの原則

予期せぬ事態に直面した際、それを避けるのではなく、機会と捉えて新たなチャンスを生み出そう。思った通りに進まないことも、新たな行動を生み出すために活用しようという考え方である。

※英語圏ではレモンは望ましくないものというニュアンスがあり、"When life gives you lemons, make lemonade"（レモンを手に入れたら、レモネードをつくれ「災い転じて福となす」）という諺がある。

⑤パイロットの原則

未来を予測するのではなく、飛行機のパイロットのように、目の前の自分自身がコントロールできる要素に集中して行動しよう。

非住宅事業

非住宅事業に参入する場合を、エフェクチュエーションで考えてみよう。

住宅市場の低迷もあり、非住宅事業を検討している工務店も少なくない。鉄骨２～３階建ての市場でシェア5％を獲得するとして、そこにCLT（直交集成板）を使った商品を投入するには、法人営業を何名雇って……と、コーゼーション的に考えている企業もあるだろう。しかし、ある程度の投資規模がなければ、参入しても上手くいかない。

エフェクチュエーションのアプローチでは次のようになる。自社は当然、木造建築が得意だ。社員の中に、美容師として働いた経験があり地元に人脈がある人がいたとする。それを利用して、何かできないかと考える（①手中の鳥の原則）。

万一ダメな場合を考えて、スモールスタートで事業を開始する。売れ残っている自社地で、閑散期に大工に仕事を頼むぐらいなら許容できる範囲だ（②許容可能な損失の原則）。

そこで、美容師の人脈から美容学校のオーナーと知り合いになり、美容師向けの店舗兼用住宅に特化した事業を始めてみようと思う（③クレイジーキルトの原則）。

いざ、美容師向けに店舗兼用住宅商品を開発してみたところ、引き合いはあるものの、節税のために所得を低く抑えている美容師が多く、住宅ローンが通らないことが分かった。それであればと、空いている自社地に複数の美容師が使えるシェアサロンを建築して、早い段階から関わることにした（④レモネードの原則）。

その話を相談した顧問税理士と銀行の担当者が、シェアサロンで住宅ローンに関する勉強会を開いてくれることに。それであればと、小さなイベントスペースを併設した。
するると、地元の小さなイベントやスクールなども行われるようになり、美容室の集客にも効果が出た。運営している工務店の知名度が自然と上がり、シェアサロンの卒業生が店舗兼用住宅を建ててくれるサイクルができて……と、そんなに上手くはいかないが、大事なことは全てが自分でコントロールできる範囲で行われることだ（⑤パイロットの原則）。失敗したところで、最初に決めた②の範囲内であれば、問題はない。何に転用できるか（④）を考えて進めば良いだけだ。

これが、最初から「集客できる施設」をつくろうとすると大変だ。自然豊かなところに新社屋を建てて、カフェと雑貨店を併設して、家具も観葉植物も扱う店舗があれば、リピート客が増えて住宅も非住宅も売れるだろう……と考えて行動すると、初期投資が大きくなって失敗する。何となく洒落た雰囲気にはできても、カフェや雑貨店のノウハウがない中では成功しない。雑貨店に来たお客様が自社の住宅を建てる確率は、ほんの僅かでしかないのに、赤字の雑貨店を集客のためと称して存続させるのは無駄でしかない。中小企業においては、①手中の鳥の原則、②許容可能な損失の原則は、致命的な失敗に陥らないために必須の考え方だ。

非住宅事業を始める、今までにない新規事業を立ち上げる、そのために専任の人を雇って……と、大上段に構えると動きが鈍くなる。手元にある技術や地元の人脈から考えた方が大きな失敗はしない。動いてみれば、新しいビジネスの種に気づくかも知れない。何よりも、行動することだ。

事業ドメイン

エフェクチュエーションのようなアプローチもある一方、住宅事業だけを見れば、コーゼーション的なシナリオで良い。その際、事業ドメインも意識しておかないと、変なシナリオができあがる。

業績が良い時に、思い付きで多角化を始めて行き詰まる工務店も少なくない。自社は、どんな事業に経営資源を投下すべきかを明確にして、シナリオを考えよう。

企業が経済活動を展開する事業領域、または主力事業となる本業のことを「事業ドメイン」と言う。売れるものなら何でも売るという経営姿勢では、戦線が広がり過ぎ、経営資源が枯渇する。企業が継続的に成長していくためには、事業活動の範囲を設定し、経営資源を集中投下する事業を明確にすることが肝要である。

事業に関連する用語としては、「市場セグメンテーション」がある。市場セグメンテーションは、対象となる顧客の趣味・嗜好や属性を分析し、市場を細分化することで、自社にとって魅力的な市場に絞り、効率的に事業を展開するというもの。既に顕在化している市場を細分化する市場セグメンテーションと企業活動の大枠を定める事業ドメインは異なるが、事業戦略を立てる上では関連する要素となる。

事業ドメインがない

注文住宅から始めた会社も、順調に売上が伸びてくると、他の事業にも手を出したくなる。規格住宅、建売住宅、宅地販売、賃貸マンション、不動産仲介、家具販売、カフェ、雑貨販売、住宅フランチャイズ本部、コンサル事業などなど。本業で安定的に売上が伸びてくると多角化したくなるものだが、事業ドメインが決まっていないと、野放図にアレコレ手を出しかねない。自社に何の強みもないのに、社長が好きだというだけで、ラーメン屋を始めたりしてしまう。

自社の事業ドメインを、ライフスタイルカンパニーだと定義して、自社の住宅の雰囲気にあった家具や雑貨、カフェを展開する工務店は少なくない（成功しているかは別として）。または、地元の住まいに関する悩みごとを全て解消する会社だとして、新築、中古、賃貸、リフォームなどエリアを限定して住まい全般を手掛ける企業もある。いずれも成功している企業ばかりではないが、事業ドメインを意識した例だ。

「住まい全般」と定義すれば、注文も賃貸マンションも含まれるが、「住む人の幸せ」と定義すれば、オーナーと住む人が違う賃貸マンションの建築は請け負わないことになる。

事業ドメインは、商品にフォーカスして考えるのではなく、「誰に・何を・どのように」（第3章参照）展開していくかを決める経営戦略である。

メリット

事業ドメインを設定するメリットは、主に3つある。1つ目は、経営資源を集中投下できること。事業ドメインを設定することで、主となる事業が明確になる。人材・資金・時間といった経営資源を主力事業に集中投下できるのがメリットだ。

前述の例のように、社長という一番の経営資源をラーメン屋に投下していれば、本業の住宅事業は危うくなる。経営資源が限られている中小工務店では、事業ドメインの明確化によるメリットは大きい。高い効果が期待できる事業のみに注力することで、本業の成長につなげられる。

2つ目は、組織の方向性を統一できることだ。事業ドメインとして活動領域を明確にすることで、組織の方向性や目標が明確になり、社員は自らのやるべきことを理解しやすくなる。

3つ目は、企業の強みをアピールできること。自社の強みを基に設定する事業ドメインは、外部にも分かりやすくアピールできる。何となく様々な事業に手を出している企業よりも、明確な事業ドメインの範囲で事業を行っている企業の方が、信頼感が増す。

事業ドメインの設定は、「誰に・何を・どのように」を考えることからスタートしよう。そして現段階で、その範囲から外れている事業があれば、整理して本業に集中するのが成功の近道だ。限られた経営資源を有効に活用しよう。

相談事例 file14

Q.　最近、社員のことが理解できない。
何を考えているのか。

A.　社員も社長のことを理解できない、何を考えているのかと思っています。

社長と社員で考え方が違うのは当然ですが、あまりに距離が離れ過ぎると互いのことが分からず不信感も生まれてきます。

これは、社長が現場を把握していないことに原因があります。会社が軌道に乗ってくると、各種団体から様々な誘いがあります。商工会やロータリークラブ、各種勉強会、工務店ネットワークなどに招かれ、全国を飛び回る方も多いでしょう。

普段とは違う環境で他社から刺激を受けたり、勉強したり、講演などでアウトプットをすることは悪いことではありません。ただ、度が過ぎると自社のことが全く分からなくなってしまいます。

昔から「三現主義」という言葉があります。三現主義とは、現場・現物・現実の３つの「現」を重視し、机上ではなく、実際に現場で現物を見て現実を認識した上で、問題の解決を図らなければならないということです。

最近、現場を見に行ったのはいつのことでしょうか。久しぶりに現場を見回りしたら、様々なことに気づく筈です。社長が思い描いている自社の姿と現実とのギャップに驚くことでしょう。

とはいえ、そこで社員を叱ると余計に心が離れます。問題点を冷静に見て、何が本当の課題なのか、仕組みで解決できないか、現場の社員だけでは解決策が見つからなかったものを鮮やかに解決してあげてください。全国を飛び回って学んだ成果が、そこで活かされることでしょう。

また、三現主義を実践した後は、大きなビジョンを社員に示しましょう。目の前の現実だけを見ていては、社長も社員も方向感を失います。社長が大きな方針を示すことで、社員は社長が何を考えているのかを理解することができます。

さぁ今すぐ、現場に行きましょう。抜き打ちで社長が現場に行けば、見たくなかったものまで見えてしまうかも知れませんが、それも現実です。

大きな方向性を具体的なシナリオへ

経営計画は必要か

大きな方向性とシナリオが決まったら、経営計画を立てよう。自社のビジョンや目標を明確にし、具体的な取り組みを示す経営計画は、中長期で成長を目指す工務店には必須のものだ。

経営計画には５〜10年の長期経営計画、３〜５年の中期経営計画、１年ごとの短期経営計画がある。使い勝手が良いのは、長期の大きなビジョンを掲げた上で、３ヶ年の中期経営計画と来期予算を組み合わせて、毎年ローリングしていく方法だ。長期的にどんな工務店になりたいのか、そのために直近３年間でどこまで達成するか、まず来期は何をするかを整理し、毎年、中期経営計画を修正し、長期のビジョンに近付けていく。

経営計画を立案することは大きな意義があるものだが、それなりの規模の工務店でも中期経営計画がない会社もある。理由は時間がない、面倒だから、立案してもしなくても結果に大差がないから等々が挙げられる。中小企業庁「小規模企業白書２０２０」によれば、経営計画を策定していない企業の割合は、小規模事業者で半分以上、中規模企業でも3割もいる。

経営計画を立てる時間を節約するほど勿体ないことはない。経営計画の策定に時間が掛かったとしても、それにより利益が前期の倍になれば、1年分の時間短縮になるとも考えられる。

経営計画が十分に運用されている企業は業績も良い。自社の計画運用が十分にできている企業は、経常利益が増加するというデータがある（小規模企業白書２０２０）。

経営計画を策定し、適切に運用することには、大きなメリットが3つある。

1．経営の透明性が高まる

そもそも経営計画や何の指針もなければ、社員はどこに進めば良いか分からない。企業を成長させるためには、自社の経営に透明性があることが必要とされる。

経営の透明性とは、経営計画や経営課題、決算情報の共有、意思決定プロセスや人事制度、報酬制度の明確化等を指すものだ。広い概念ではあるが、経営計画の共有が重要であることは異論がないだろう。

経営計画の実行には、経営者だけでなく社員も含めた組織全体で取り組む必要がある。経営計画が絵に描いた餅になったり、策定しても意味がないと感じたりするのは、それを社員と十分に共有できていないからだ。

経営の透明性を高める取り組みを実施している企業は、実施していない企業よりも売上高増加率の水準が高いという調査結果がある（中小企業白書２０２３）。また、経営の透明性を高めることで、従業員との信頼関係などに良い効果を生む。経営計画も見せず、会社がどこに行こうとしているのかが不明であれば、社員からの信頼が高まらないことは想像に難くない。

2. 金融機関・取引先を巻き込む

２つ目のメリットは、外部を巻き込めることだ。経営計画には、経営の透明性を高めて社員を巻き込むだけでなく、外部も巻き込んでいく力もある。

経営計画を上手に運用している工務店では、協力業者を集めた安全大会や経営計画発表会と称して、建材メーカー、協力業者や金融機関を集めて毎年、経営計画を発表している。

建材メーカーには、年間目標棟数を公式に示すことで価格交渉の材料とし、協力業者には、職人確保の見通しをつけてもらう。大工不足が顕著な今は、先の見通しがない工務店は敬遠されるからだ。

金融機関は、経営計画がある会社とない会社なら、当然、ある会社を信用する。経営計画を金融機関と共有することで、信用度は上がる。

地方銀行の行員もメーカーの社員も、協力業者の職人も、自宅を建てる時に見通しの立たない工務店には頼みたくない。経営計画すら見せずに、家を建てる見込客の紹介を依頼したところで、結果は芳しくないだろう。

大きくなる工務店は、社員だけでなく、金融機関を含めた外部を巻き込んで成長していくものだ。自社に協力的で、共に成長を喜んでくれる外部関係者を増やすことができるのは大きなメリットだ。

3．経営者のスキルが上がる

経営計画は、１００％目標通りになることなどないが、それで良い。計画より良い結果になっても、悪い結果であっても、その差異から原因を分析できるからだ。

経営計画を立案する際には、目標を達成するための仮説を考える。それが実際にどうなったかを確認して検証できることが重要だ。

目標数字もなく、毎年同じように何となく経営していれば、何となくの結果にしかならず、その決算が良いのか悪いのかの判断もできない。判断基準がないのだから当然だ。

経営計画を立て、成功と失敗を繰り返すことではじめて、経営者としての感覚が養われていく。

経営計画に載せるもの

実際に経営計画を立てるとなれば、何を載せれば良いのか。最低限必要なのは、①経営理念、②環境・自社分析、③経営戦略、④事業戦略、⑤行動計画、⑥数値目標である。

①経営理念では、自社の存在意義や長期的な目標を示す。その理念に基づいた中期経営計画での目標も定める。工務店であれば、棟数目標や「地域ナンバーワン」などが社員にも外部にも分かりやすい。

②環境・自社分析では、経営計画が社長の夢や妄想ではないことを示す客観的なデータを整理する。金融機関の担当者が見ても、納得できる程度にはしておきたい。

③経営戦略では、前項の分析を踏まえて、自社がどのように目標を達成するか、競合他社といかに差別化するか等々、その方法を明確にする。

④事業戦略は、住宅以外の事業も手掛けている場合に策定する。不動産や家具店など、住宅事業と混在させられないものであれば、事業部ごとに作成する。何となく住宅と相乗効果があるだろうと、家具店や飲食店を始めた会社は、事業戦略を立てる際に困ること

になる。しかし逆にここをしっかりと分析・計画できれば、各事業単体でも十分な収益が得られる可能性を示せる。

⑤行動計画は、目標を達成するために具体的に何をするのか。新規出店や組織変更なども記載しておく。

⑥数値目標では、上記①～⑤がどのような経営数値となるのかを示す。損益だけでなく、貸借、キャッシュフロー計算書まで３ヶ年予測を作成しておきたい。

経営計画の一般的な書き方は上記の通りだが、次の３つのポイントを押さえておこう。

経営計画策定の３つのポイント

１つ目は、過去の成長理由を記載することだ。それは、今まで自社がどのようにして成長してきたかを整理することになる。何十年と経営していると、自社がどのように創業して、何を大切にして成長してきたかを見失いがちだ。

経営を続けられているということは、少なくとも施主から、他社とは違う何かを評価されてきた結果だ。自社が成長してきた力の源泉を探り、整理しておくことは、今後の戦略を考える上で重要だ。前述の過去の物語を整理することにもつながる。

２つ目は、これから何で成長するかということ。過去の成長理由だけでは、これ以上の成長は難しいかも知れない。新商品なのか、新事業なのか、新規出店なのか。全く新しいことがなく全て前年通りなら、経営計画を立てる意味もない。どのように成長するのかを、社員にも協力業者にも示す必要がある。

３つ目は、利益から逆算すること。数値計画を売上高や棟数だけで決めてしまうと、利益が伴わない経営計画になりがちだ。必要な経常利益額から逆算して、必要な売上高、棟数を考えると良い。更に、急成長や新規事業などの際は、資金調達の計画も重要だ。「勘定合って銭足らず」にならぬように、経営計画を立てよう。

経営計画の最大のメリット

実は、中小の工務店にとって、経営計画を立てる最大のメリットは別にある。それは、経営計画書が社長自身の起爆剤になることだ。

経営計画を立てると、理想と現実のギャップが大きく、足りないものが数多く見えてくる。資金も人員も、あれもこれも足りないものが多くて嫌になるかも知れないが、目標達成に向け、やるべきことが明確になる。

しかも、社員だけでなく金融機関をはじめ対外的に発表してしまえば後には引けなくなるので、社長自身への良い意味でのプレッシャーになり、成長への追い風になるだろう。

経営計画は策定よりも実行が大事だ。実行できるかどうかは社長の熱意に懸かっている。

共感できる大きな目標、自社の物語のゴールに向けて、どのようなルートで辿り着けるかを考えて手を打つ方法を考える。ＢＳＣで大きな流れを整理する。具体的な数値目標で経営計画を立てる。これら一連のものが、シナリオである。当然ながら、自社だけでなく外部環境も変化する。自社と外部環境、競合を考えながら「最高のシナリオ・最低のシナリオ」を考えておくことで、攻めと守りを考えた成長ができる。

相談事例 file15

Q. 社長の私が新しいことをしようとすると、会長（父親）が反対します。会長を黙らせる方法はありませんか。

A. ありません。任せられるレベルにないことを自覚してください。

会社の事業承継で問題になりがちなのが、創業者の父親と、引き継ぐ二代目との衝突です。

新しいことをやりたい二代目と、旧来のやり方に固執し、二代目に任せない頑固な父親……みたいな構図になりがちですが、問題の大半は、二代目の実力不足にあります。

二代目に実力があれば、父親も安心して任せられるし、口も出さないでしょう。父親は、何十年も経営の一線で活躍してきた人です。親子であっても、実力がある人を見極める目は持っています。むしろ厳しく評価できる目を持っていることに感謝すべきです。実力がない子供を過大評価してしまう親バカの方が問題です。

かつて、親子の確執で世間を騒がせた大塚家具。2022年5月1日付で、ヤマダデンキに吸収合併され、法人としての大塚家具は消滅しました。

創業者である父・大塚勝久氏は、ゼロから家具屋を立ち上げ、会員登録制高級家具のマンツーマン販売方式という独自のビジネスモデルを確立しました。その企業の根幹であるビジネスモデルを、実娘の久美子社長（当時）が全否定したことが、親子喧嘩の原因でした。その後の顛末は、ご存じの通りです。

創業者が二代目に引き継がいないのには、それだけの理由があるのです。二代目に必要なのは、社長のイスを譲ってもらうという態度ではなく、実力で奪うという姿勢です。仕事でもスポーツでも、学業でも政治でも同じです。１つしかイスがないのであれば、実力で奪うしかないのです。２番じゃダメなのです。

自分には実力があるのに正当に評価されていないと思うのであれば、ゼロから工務店を創業してみましょう。自分の考える通りに経営してみれば、実力が明らかになります。成功した工務店を父親の会社と合併して、晴れて社長に就任すれば、父親も古参の従業員も文句は言えないでしょう。失敗しても、経営者として大きな学びがある筈です。

大手企業で会社員をしていた経験しかない二代目が、創業者に認められるレベルになるためには、相当な努力が必要です。父親の経営に不満があるのであれば、それ以上の結果を出して、ポジションを奪うしかありません。実力でポジションを奪い、創業者を引退させてあげることが、最高の親孝行です。

6 Human capital
人的資本

住宅業界の人手不足

深刻な人手不足

住宅業界の人手不足は深刻だ。受注はできても大工がいない、現場監督がいない、基礎ができないという話も聞こえてくる。

1980年に93万人いた大工は、2000年には65万人。2020年には29万7000人と30万人を割った。2030年には20万人にもなると言われる。

大工が減少しても、住宅着工も減少するから問題ないと見ているむきもあったが、2000年から2020年の20年間で見ると大工の年平均減少率は△3・8%、同期間の住宅着工の減少スピード(△2・0%)よりも速い。

さらに大工の高齢化が大工不足を加速させている。２０２０年時点で、大工の42・9％が60歳以上だ。10代、20代の大工が増えていないのであるから、年を追うごとに高齢化はますます深刻になる。受注はできても工事ができずに売上が伸びない事態が鮮明になってくる。

なぜ大工にならないのか

大工の人材不足は、高齢化と新しく大工になる人が少ないことによる。なぜ、若者は大工にならないのか。

小学校に入学する男の子が「将来就きたい職業」として、過去には上位に入っていた大工職は、今ではランキング外だ。

なぜ、大工は人気がなくなったのか。原因は、低賃金・低待遇にもあるだろう。全国建設労働組合連合会の「２０２１年度賃金等生活実態調査」によると、大工の平均年収は３８７万円であり、大工が今一番望むことは「雇用の安定化」や「労働時間の短縮」を退けて「賃金の引き上げ」だ。

当然ではあるが、低賃金・低待遇の職場で働きたい人は少ない。自社の人手不足を「建設業は人気がないから」と、業界に責任を押し付けてはならない。新卒の大学生が最も就職したい業界ランキングで、建設業は上位に入る。決して人気のない業界ではない。低賃金・低待遇の大工の人気がないのだ。

大工不足の不都合な真実

大工不足の原因は結局のところ、低賃金・低待遇のために入職する人が少ないという当たり前の話だ。近頃は、大工をやりたがる若い人が集まらないから、仕事の魅力を知ってもらおう、お金ではなく、ものづくりの楽しさを知ってもらおうとする活動も目にする。

しかし、それは「やりがい搾取」だ。工務店が支払うべき賃金や手当の代わりに、大工に「やりがい」を強く意識させることにより、本来支払うべき賃金の支払いを免れる行為である。ものづくりの楽しさがあれば、大工を低収入のままで放置して良い、とはならない。

今の若手は請負を望まない。利益の出ている工務店は、社員大工を雇い、月給制・土日休みで家を建てる職人を確保する。そして賃金を引き上げられない、低賃金・低待遇の儲からない会社が、より人手不足に陥るようになる。

経営者に求められるのは、生産性向上による増益とそれを社員や大工の待遇改善に振り向け、更に成長を目指す経営改革の覚悟だ。成長する会社には、社員も大工も集める吸引力がある。儲かる会社に人手不足の悩みはない。

前述の通り、大工不足はますます深刻になる。２０２５年には、60歳以上の割合は50％を超え「２人に１人が60歳以上の大工」になると予想される。

大工の確保は業績拡大を目指す工務店にとって、経営の大きな課題になっている。安い単価と長時間労働の大工になりたがる若者はいない。他社に先駆けて積極的に若者を採用し、社員大工として育成していかなければ、自社の現場に70代、80代の大工しかいなくなる未来が待っている。

資源から資本へ

大工にスポットを当てて、人手不足の問題を見てきたが、住宅業界の人手不足・人事問題は、大工に限らない。

近年の注目キーワードのひとつに「人的資本経営」がある。人材を「資本」と捉え投資の対象とし、企業価値を高めていく経営手法を指す。環境の変化に対応し企業価値を高めるためには、人材を「人件費」や「資源」ではなく「投資対象の資本」として捉え、人材の価値を引き出す経営スタイルが不可欠となるという考え方だ。

人材は「人的資源」と捉えられることが多かった。この表現には、既に持っているものを使う、今あるものを消費するという意味が含まれる。そのため、いかに人材の使い方・配置・行動を管理するかという考え方になる。

しかし、人材は教育や研修、日々の業務を通じて成長し価値創造の担い手となるものだ。人材を「人的資本」として捉えなおし、状況に応じて必要な人的資本を確保するという考え方への転換が求められている。

人的資源を「消費」するのではなく、人的資本へ「投資」をし、人材の成長を通じて新たな価値を創造する考えが広まりつつある。背景にあるのは、人手不足や在宅勤務などが急速に広まり、働き方を含めた人材戦略の在り方が改めて問われたことだ。企業が直面する経営上の課題が、人材面での課題と表裏一体であり、迅速な対応が求められるようになってきた。そのため「パーパス経営」のように、企業理念や存在意義を明確にすることも必要となり、企業を成長させるために、人材戦略の変革が求められている。

経済産業省の「人材版伊藤レポート」では、人材戦略に必要なものとして、３つの視点(Perspectives) と5つの共通要素 (Factors) が挙げられている。

３つの視点は、①経営戦略と人材戦略の連動、②As is - To be ギャップの定量把握、③企業文化への定着。５つの共通要素は、①動的な人材ポートフォリオ、②知・経験のダイバーシティ&インクルージョン、③リスキル・学び直し、④従業員エンゲージメント、⑤時間や場所にとらわれない働き方の５つだ。

３つの視点も5つの共通要素も、大企業向けであるため、そのままでは中小の工務店には当てはまらない。工務店で取り入れるべきポイントは、次のひとつだ。

人事部から社長・取締役会へ

前出の「人材版伊藤レポート」では、ＣＨＲＯ（最高人事責任者：Chief Human Resource Officer）の設置を提言している。大手企業では、管理部門のひとつとしての人事部が、採用や教育などの人事施策を担っている。それを経営陣が経営の問題として捉え、人材戦略を構築すべし、というもの。

中小の工務店が取り入れるべきポイントは、この1点だ。社長・取締役会が人材戦略の先頭に立つこと。

創業時は僅かな採用経費をやりくりしながら、社長個人の人脈も使い、少しでも優秀な社員の確保に奔走した筈だ。採用時点の能力はイマイチでも、手間暇をかけて教育し、苦労して一人前の社員へと育成してきただろう。

会社が成長するにつれ、管理部や人事部を設け、採用や教育を任せるようになっていく。その過程で、採用書類の作成や社会保険の手続きなどの作業だけでなく、人材戦略も任せてしまっていなかったか。大抵の人事の部課長は、経営戦略に関与しない。そのため、経営戦略と人材戦略がつながっていない状態になる。

創業社長が採用面接をしていた時には、会社の経営理念やどんな家づくりを目指しているか、社員にどんな成長を期待しているかを直接伝えることができただろう。技術に強い工務店を目指そうと考えている社長と、営業に強い会社を目指そうと考えている社長では語る言葉が違うのは当然だ。自社が目指す将来像と人材像を一致させられるのは、社長だけだ。

社長が人事に戻ってすべきは、採用と教育だ。少子高齢化が進み、働く若者が少なくなったことで、今後の採用は一層の売り手市場になり、若手採用が困難となり、中途採用できる人材の高齢化、社員の高齢化が課題となる。

能力開発

教育も社長の大事な仕事だ。職場の上司や先輩が教えるＯＪＴだけでなく、外部研修や資格取得の推奨なども、将来を見据えて行わねばならない。

能力開発は業績にもつながる。２７５ページの上図は、従業員の能力開発計画や方針の有無別に、売上高増加率について見たものである（中小企業白書２０２２）。「明文化された能力開発計画や方針がある」企業では特に、売上高増加率が高い。従業員の能力開発にあたっては、能力開発計画や方針、従業員の目指す姿を具体化した上で、計画的に取り組むことが企業の成長につながることが示唆されている。場当たり的に研修をするのではなく、将来の会社像に必要な人材にするべく能力開発計画を策定した企業の売上は伸びている。

中小工務店は、入社時から超優秀な社員を採用できるものでもない。人的資本として長期間の投資が必要だ。その投資が無駄になることはない。能力開発に対する積極性別に、従業員の仕事に対する意欲について見ると（左ページ下図）、経営者が従業員の能力開発に積極的である企業では、従業員の仕事に対する意欲も高い傾向にある。経営者が積極的に従業員の能力開発に取り組む姿勢が、従業員の仕事に対する意欲の向上につながる。

能力開発をする企業は、社員の仕事に対する意欲が伸びて売上も伸びる。もしかしたら、売上が伸びているから、能力開発に投資できると見る人もいるかも知れない。タマゴが先か、ニワトリが先か。それはどちらでも良い。売上が先でも、能力開発が先でも、どちらも経営陣の責任でできることだ。人材戦略は経営戦略である。

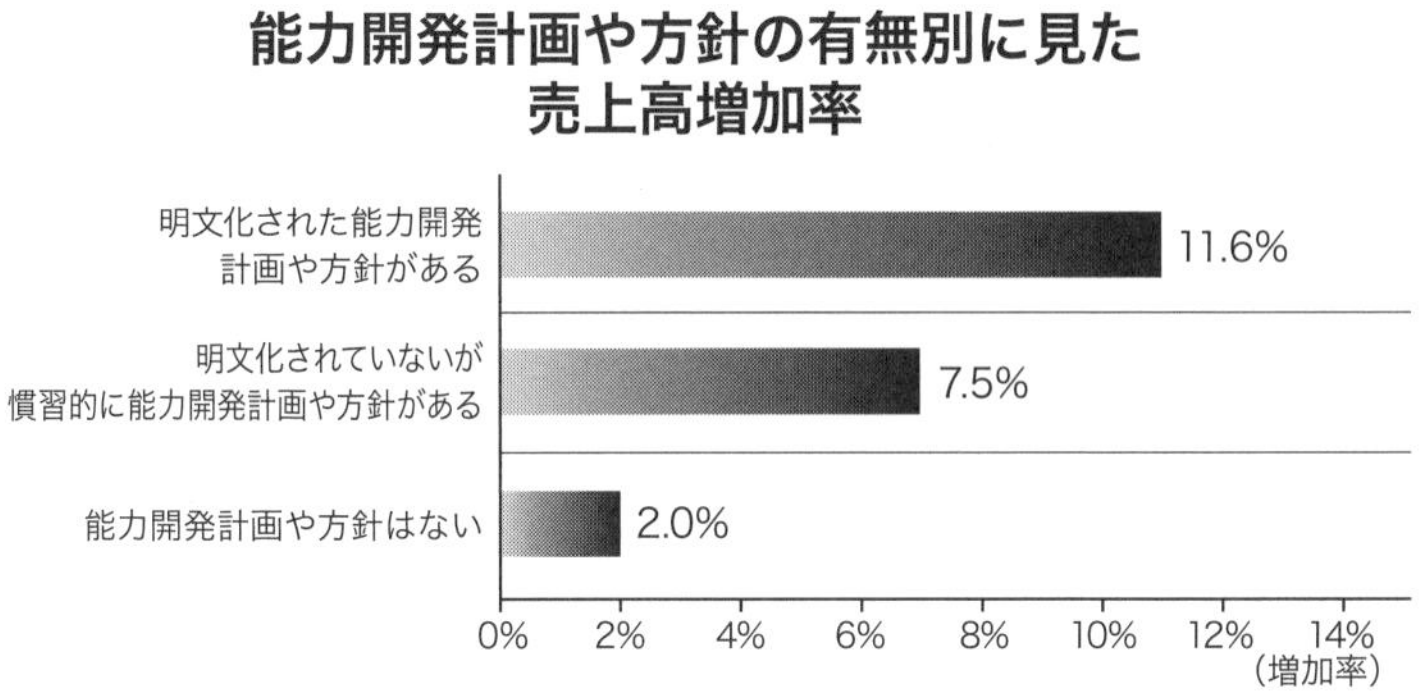

出所：中小企業庁「中小企業白書 2022」

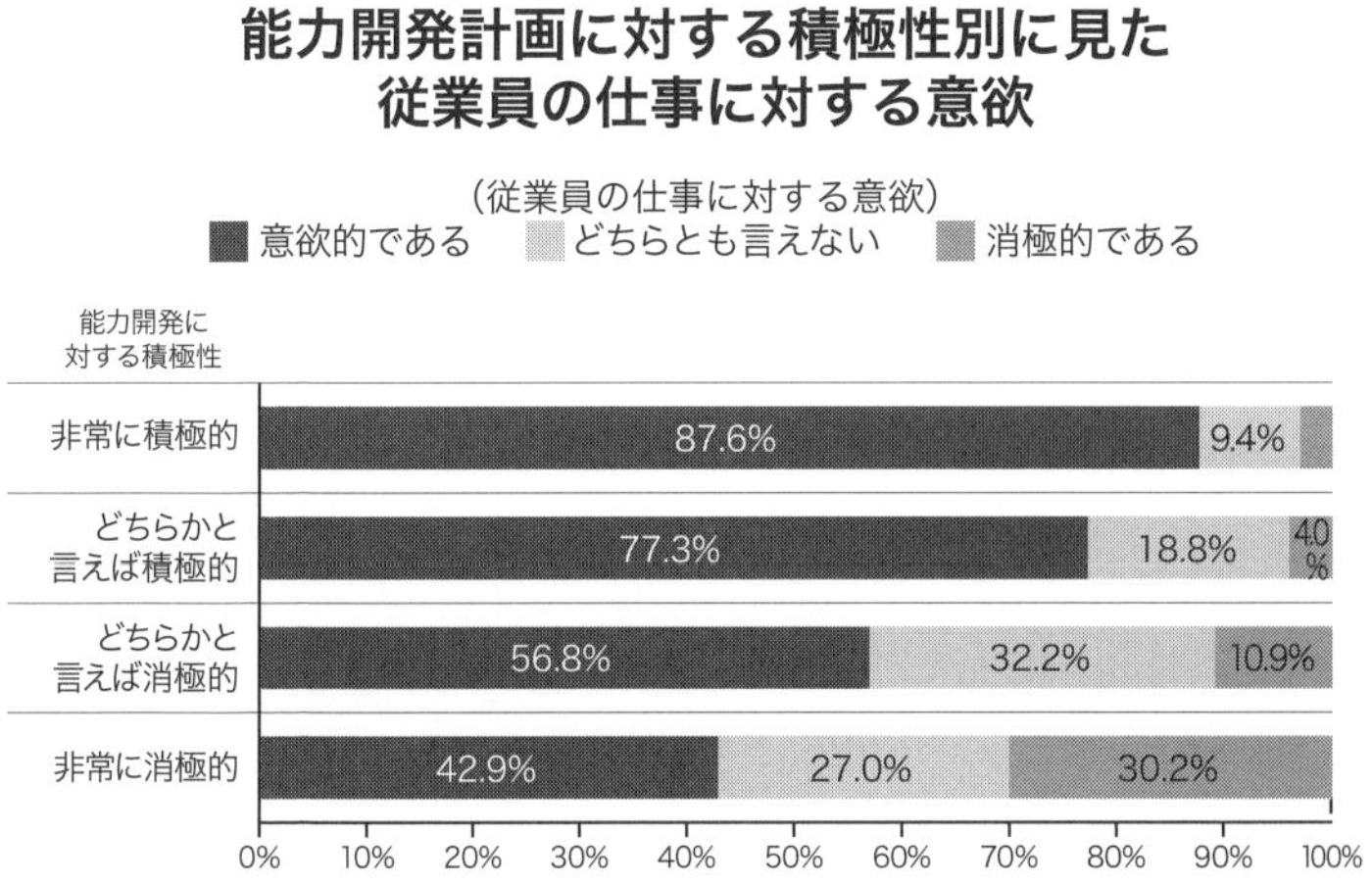

出所：中小企業庁「中小企業白書 2022」

社員が辞めない会社へ

「配属ガチャ」か「新卒ガチャ」か

新卒が入社する4月、急に無気力な「五月病」社員が発生する5月は、採用や社員教育について否が応でも考えさせられる時季だ。

近年は4月に入社したばかりにも関わらず、配属先が自分の希望を反映されていないからと、「配属ガチャ」を理由に退職する人も。

しかし、採用担当者からすると、企業説明会やら面接やら時間とお金を掛けて入社した社員が、入社日に辞められるなんて「新卒ガチャ」だと愚痴りたくもなるだろう。

残念ながら、新卒は3年以内に3割以上が辞める。厚生労働省の「新規学卒就職者の離職状況」調査によると、２０２０年３月に卒業した新卒就業者の３年以内離職率は、高卒が37・0％（前年度比1・1ポイント増）、大卒が32・3％（同0・8ポイント増）である。

今や、人手不足による空前の売り手市場だ。２０２１年卒、２０２２年卒の方が、１、２年目までの離職率は上がっており、３年以内離職率は更に高くなっていくと予想される。

特に会社規模が小さいほ

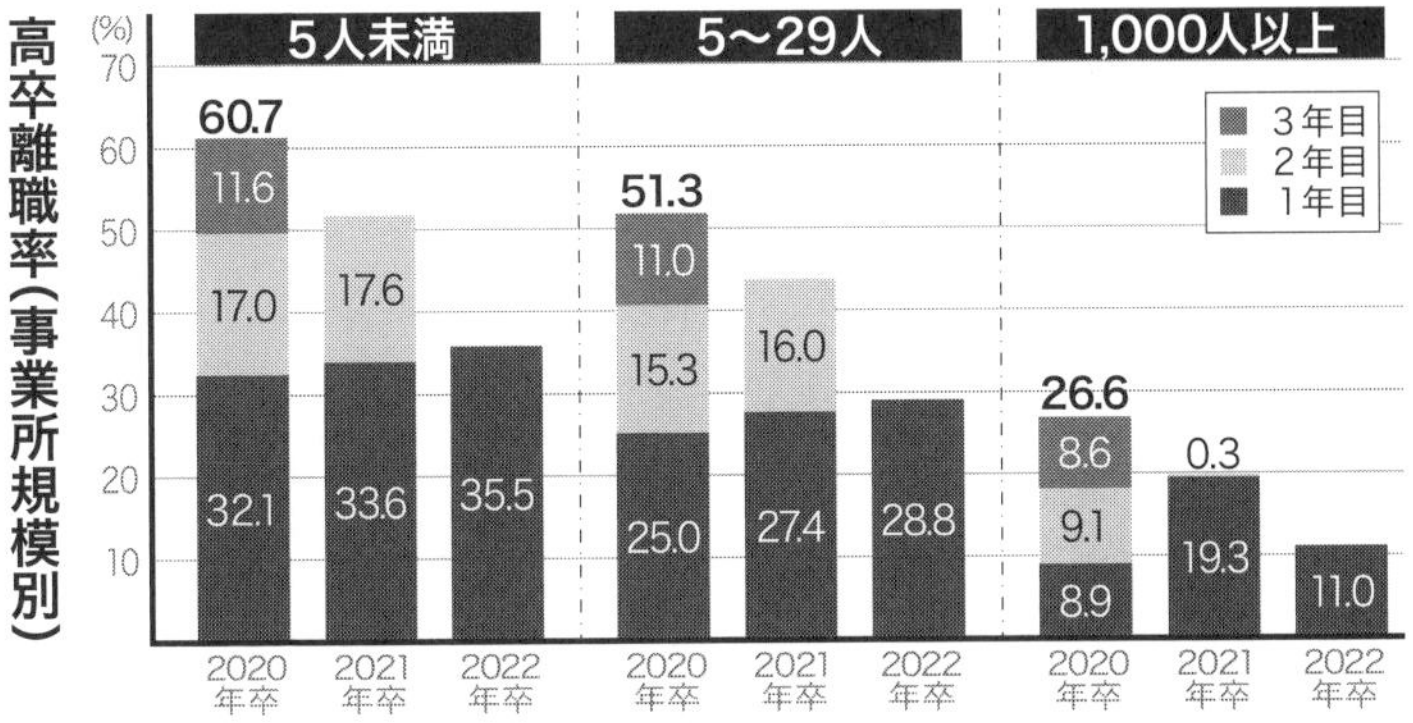

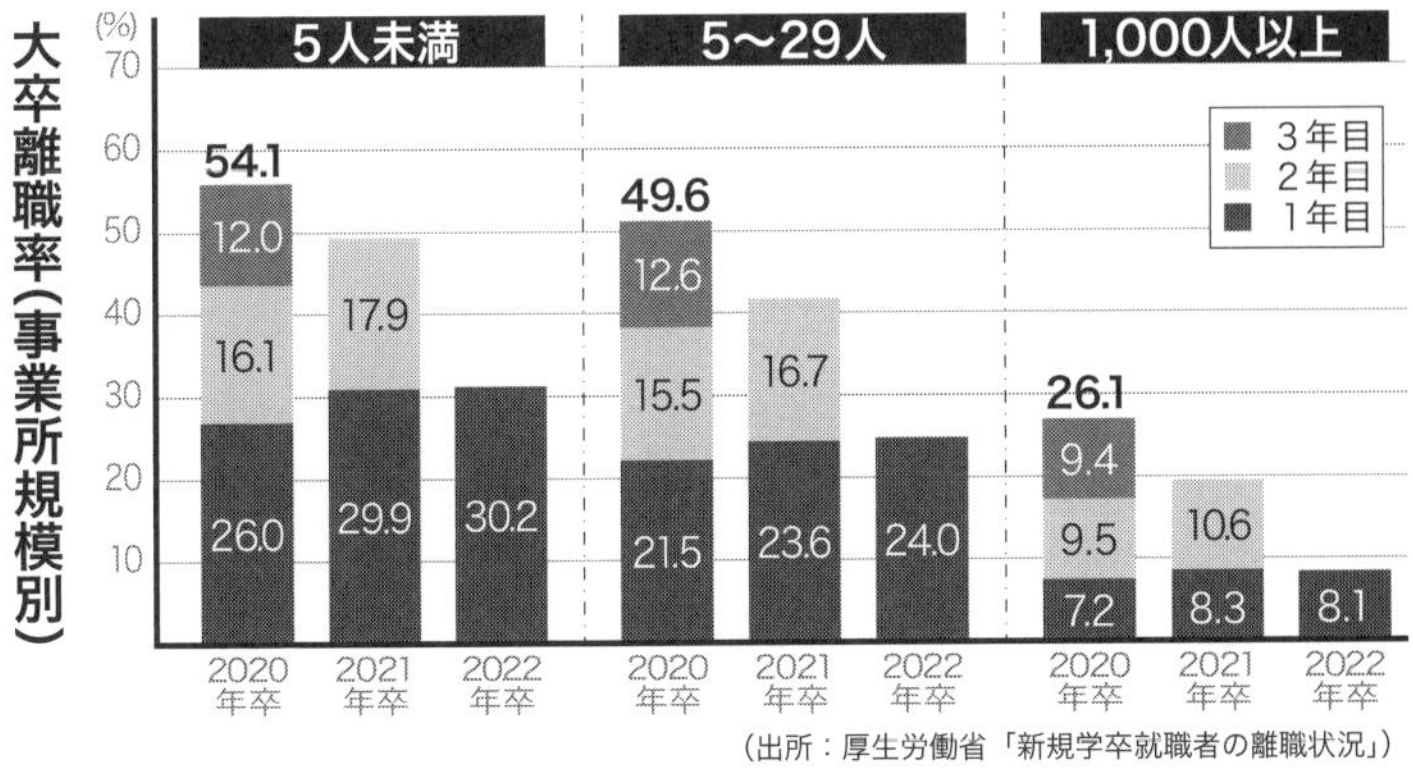

（出所：厚生労働省「新規学卒就職者の離職状況」）

ど、離職率は高まる傾向にある（前ページ図）。２０２２年卒の数値を見ると、５人未満の企業では、高卒は1年以内に35・５％、大卒は同30・２％が辞める。１０００人以上の企業では、高卒は11・０％、大卒は８・1％しか辞めない。かなりの差がついている。

大企業と中小零細企業では入社する社員の資質が違うのもあるが、受け入れる中小企業側にも大きな課題があるだろう。

１人も辞めない会社が良いというものではないが、優秀な人が辞めない会社にしなければ、会社は立ち行かない。優秀な社員が残りたいと思う会社にするために、中小の工務店には何ができるのか。

ゆるブラック

新卒でも中途採用でも、人手不足の今では採用できた社員を辞めさせないように、過度に丁重に扱う風潮がある。何かあれば「〇〇ハラスメント」となるのが怖くて、必要以上に新入社員を遠ざけていないだろうか。

「ゆるブラック企業」という言葉がある。ブラック企業のような長時間労働やハラスメント、低賃金などの問題はないが、働きがいが持てない企業を指す。理想は、働きやすく力もつくホワイト企業だが、現実は難しい。とりあえず世間の風潮に合わせて働きやすさだけを追求すると「ゆるブラック企業」となる（下図）。

エン・ジャパンが２０２３年に社会人を対象に行った調査（社会人５７００人に聞いた「ブラック企業・ゆるブラック企業」調査）で、勤めている企業がゆるブラック企業だと思う人は27％、そう思う理由は、「労働時間が適切だが、仕事で成長できないから」「仕事に見合った賃金だが、上がりにくいから」というものだ。経営者からすると、労働時間を適切にして、仕事に見合った給与

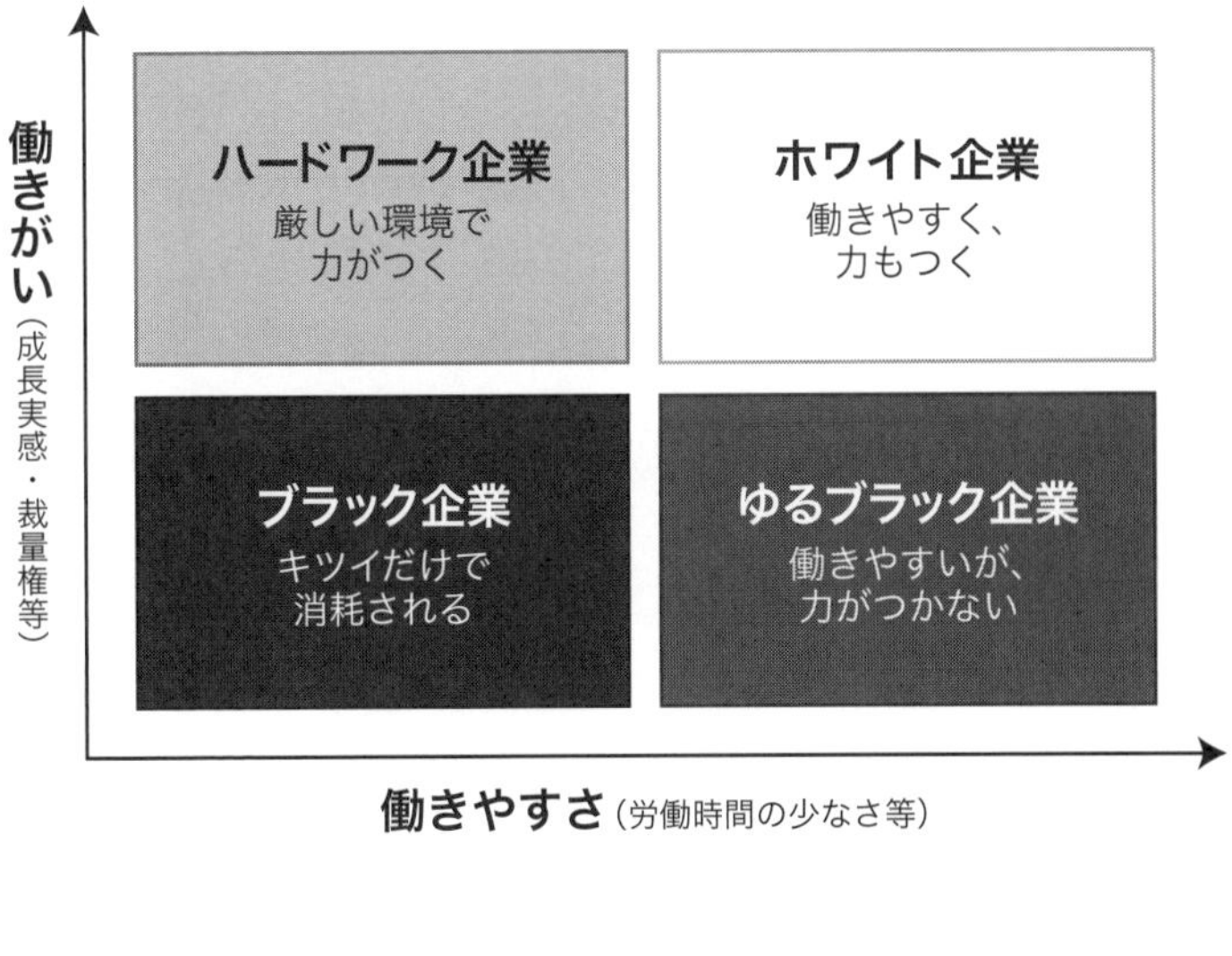

を払っているのに何が不満なのかと憤るかも知れないが、欲しいのは「働きがい」のようだ。

エンゲージメント

従業員の会社に対する愛着心や思い入れといった意味を指すエンゲージメント。

米国の調査会社ギャラップ社が実施している「エンゲージメント・サーベイ（２０２３）」によると、日本企業はエンゲージメントの高い「熱意あふれる社員」の割合は５％。世界平均は23％、米国34％、インド33％と比べて大幅に低く、調査した１４５ヶ国の最下位レベルだった。

自社の社員は、会社に熱意をもって仕事をしてくれているのか。社員は何に不満を持っているのか、何を改善していけば良いのか。それらを知りたければ、ＥＳＳ（Employee Satisfaction Survey）を行うと良い。

ＥＳ（Employee Satisfaction）とは、従業員満足のこと。エンゲージメントと同様に、社員の業務に対する意欲や生産性の高さはＥＳと深く結びついており、重要な経営課題となっている。営業担当者にやる気がなければ受注は増えないし、工事担当者がいい加減な気持ちでは、施工品質は下がる一方だ。

ＥＳＳは、無記名でスマホやパソコンを使って社員が各々回答する。選択式の50の質問により、社員の「意識・意欲」や「経営方針」の浸透度、自社の住宅をどのように認識しているかを計る「商品」等、主要８項目からなる自社の健康状態を知ることができる。更に、会社の改善点などを訊ねる記述式の設問からは、具体的な改善策が見つかる。経営者にとっては耳の痛い結果になるだろうが、ぜひ、チャレンジしてもらいたい。

福利厚生のこと？

ＥＳにおいて、よくある勘違いが、「ＥＳの向上＝福利厚生」と考えてしまうことにある。福利厚生が良ければ、従業員は満足だ、と考えるのは短絡的だ。前述の通り、福利厚生で満足度を上げたところで、「ゆるブラック」にしかなれない。

従業員は何を求めているのだろう。特に企業業績を左右するキーパーソン（中核人材）が、会社に求めるものを知ると、福利厚生ではないことがよく分かる。キーパーソンが、現在の会社に継続して勤務する理由を聞いた調査（中小企業白書）では、一番多い回答は「仕事にやりがいや楽しみを感じているから」、次が「自分の専門性や知識・ノウハウが十分に生かせる組織だから」となっており、福利厚生を求める声は少ない。エンゲージメントが高い従業員も、自発的に貢献したいという態度・意欲があるとされている。

福利厚生を充実させれば、従業員の満足度やエンゲージメントが上がるというものではない。福利厚生を充実させるだけで満足するような（もしくは福利厚生がないから不満を言うような）従業員を相手にしてはいけない。優秀なキーパーソンとなる人材はその中にはいないのだから。重要なことは、その会社で働く意義があるか、自分が成長できるか。その機会、環境を提供することが経営者の仕事である。

優秀な人材が求めるもの

社員が辞める場合には、その理由を確認しよう。給与や福利厚生が不満で辞める場合は気にしなくて良い。それよりも、やりがいが感じられない、もっと仕事がしたいのにできない、理念と現実が合っていないとして辞める人が出てきたら要注意だ。キーパーソンとなる筈の人が流出する懸念がある。

給与や福利厚生よりも大切なものがあるのは、なんとなく分かるが、本当だろうか？という声も聞こえてきそうだが、それは仕事の満足度に関わる「衛生要因」と「動機付け要因」で説明する。

「衛生要因」とは、仕事の「不」満足に関わる要因のこと。「動機付け要因」とは、仕事の満足に関わる要因を指す。

仕事における満足度は、ひとつの要因が充たされると満足度が上がり、不足すると満足度が下がるのではなく、満足を引き起こす要因と不満足を引き起こす要因は、それぞれ別だということだ。

例えば、給与制度が不明確な会社があったとする。その会社の社員は不明確な給与制度や不公平に見える給与に不満がある。そこに、明確で公平な給与制度を導入するとどうなるか。不満は解消され、一次的にやる気がアップするように見えるかも知れない。しかし、給与制度があることは普通の状態なので、満足度は上がらない。あくまで不満な状態（衛生要因）が解消されただけなのである。

やる気（動機付け要因）を引き出すために必要なのは、「場」だ。大きなビジョンを掲げた会社、達成感を味わえる環境、一緒に働きたい仲間、承認される雰囲気等々、働く場がモチベーションを左右する。

給与制度や福利厚生は、不満足を解消するものと認識し、それ以上に、どんな「場」を用意できるかに力を注ごう。

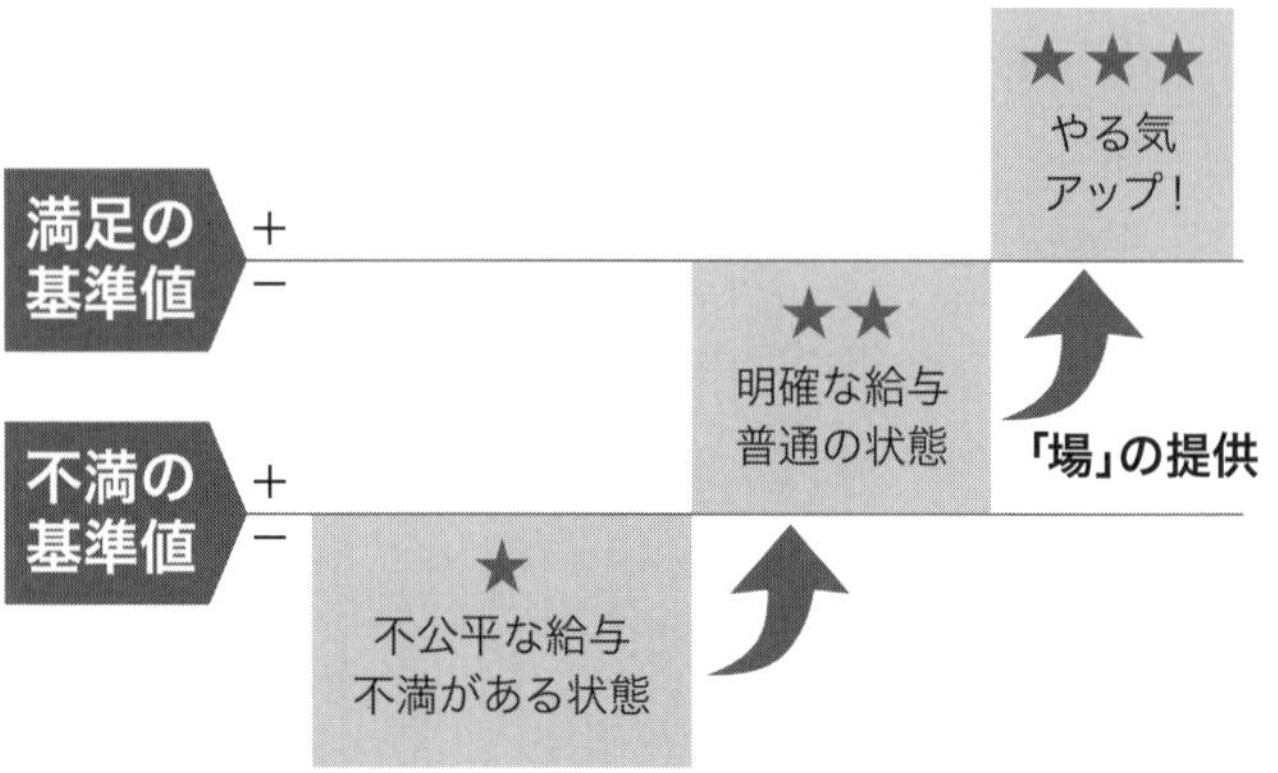

社内にＦＡＮを増やそう

適切な「場」を提供するために着目すべき点は、会社の経営方針と社員自身の成長ベクトルが一致しているかどうかだ。社員自身が成長することが会社に利益をもたらすのであれば、給与としても反映しやすく、社員も働きがいや成長を実感しやすい。逆に会社が求めていることと、社員のやりたいことがズレていれば、会社は社員を評価しづらい。

会社が目指すビジョンや理念を社内に浸透させて、会社と社員が同じ方向へ進ませる。そのための活動を「インナーブランディング」という。

受注が伸び悩んでいる時は、社員も自社の事業や住宅に自信を失いかけている。急成長している時の勢いのあるトークは影をひそめ、自信を持った提案ができない。社内で自社の価値に不安があると、社外に対して正しくアピールすることができなくなる。社員自身が心から良いと思っていない住宅は、短期的には営業の力で売れても、中長期的には売れ続けることはない。

インナーブランディングにより、それぞれの社員に企業理念や自社の価値観を共有できれば、目標達成やブランド価値の向上も目指しやすくなる。営業担当者でなくても、家を建てたい友人知人に自然と自社で建てるように薦めるようになる。

自分が勤めている会社が、良い住宅を提供している、価値がある企業である、と社員が認識できれば、会社への愛着も深まる。そしてそれは社員の定着率向上にもつながる。自社に愛着がある、会社の考えに共感している人材が増えれば、離職率は下がるだろう。

インナーブランディングには様々な手法がある。会社としてのビジョンを明確にし、ブランドコンセプトをつくり、社内ポータルサイトで情報発信し、ワークショップで時間を掛けて意識を高める……というのは、大手企業のやり方だ。

スピードが必要な中小の工務店が取るべき方法はシンプル。自社のホームページをリニューアルすることだ。ホームページには全てが詰まっている。企業として目指すビジョン、住宅に対する考え方、意匠・性能・構造……企業が何を重視しているかが記載されている。どんな客層をターゲットにして、どんなデザインの住宅を、どんな価格帯で販売しているのかも明確になっているのがホームページだ。自社のビジョンや特徴を社員が理解し、ホームページという形に整理する過程は、インナーブランディングに最適である。

当然ながら、ホームページ制作会社に丸投げしてリニューアルするのでは意味がない。社員自身が考えることが重要になる。社員が自ら考えながらホームページをリニューアルする手法を「ＦＡＮ化プロジェクト」と名付けている。社員もお客様も自社のＦＡＮになる仕掛けづくりだ。数ヶ月かけて、ホームページができあがる頃には、社員のエンゲージメントも上がっていることだろう。

売り手市場の昨今、社員を採用するのは簡単ではない。縁があって入社してくれた新人、何年も働いてくれているベテラン社員を自社の熱烈なＦＡＮにして、優秀な社員が辞めない会社をつくろう。

Q. 創業メンバーの幹部が、会社の成長についてこられません。どうすれば良いでしょうか。

A. 会社を拡大したければ、
サクっと辞めてもらいましょう。

工務店は、軌道に乗ると創業から数年で急成長できる業種のひとつです。創業から３～５年で100棟を超える工務店もあります。そのため、創業時のメンバーの成長が、会社の成長に間に合わずに悩む経営者も少なくありません。年間数棟なら、１人でキッチリできる優秀な現場監督も、年間100棟になると、部下を管理して全物件を工程通りに納めるマネジメント能力が必要になります。自分の目の届く範囲での品質、工程管理が得意でも、部下に任せる規模になると別な能力が必要になってきます。全体工程をどのように管理するか、新規の協力業者の開拓、現場監督の採用・教育、施工マニュアルの整備、原価管理、品質基準の統一等々、やるべきことは加速度的に増えていきます。

年間数棟では優秀だった創業メンバーの現場監督も営業担当者も設計担当者も、役職が上になるにつれ、求められる能力が変わることで、輝きを失っていきます。

一方で経営者は、急成長企業の社長ということで、建材メーカーやコンサルタントが会いに来たり、全国の工務店とのネットワークができたりします。常に外部からの刺激を受け、他社の成功事例や優秀な経営幹部を目にすることになります。すると、自社の幹部が色褪せて見えてしまうのです。

そこで経営者は悩みます。創業時から一緒だから気心も知れていて、自分を裏切ることはないメンバーです。でも、更に成長を目指す時には、必ずブレーキになる存在。年間５棟の時に入社する社員よりも、年間100棟の時に入社する方が優秀です。創業メンバーが幹部にいることで、社歴の浅い優秀な社員を抜擢できないのは、明らかに損失だと感じていることでしょう。成長する会社の器に、創業メンバーが合わなくなってきているのです。

会社を拡大したければ、成長できない創業メンバーには早期に辞めてもらうのがベストなのです。新しく優秀な社員をヘッドハンティングすることで、会社は成長スピードを加速することができます。逆に、拡大を望まないのであれば、成長ペースを緩め、優秀な新人を入れずに創業メンバーと共にゆっくり経営する手もあります。

どちらも経営判断ですから、良い悪いはありません。しかし、何年も迷い続けるのはダメです。時間が経てば経つほど、判断は難しくなります。中途半端に会社が成長してからでは、会社に勢いがなくなり、優秀な社員を集めることが困難になります。のんびり経営しようとしても、一定の棟数があると資金繰りの関係で簡単には安定できず、破綻の道へ進みかねません。

いずれにせよ、経営者の仕事は決断すること。創業メンバーの進退を決断できないようであれば、社長自身も成長する会社の器に合わなくなっているのかも知れません。

工務店の給与制度

給与制度の勘違い

前項で「動機づけ要因」の重要さを説いたが、それは「衛生要因」である給与制度がしっかりと明確になっていることが前提である。ここで給与制度について、よくある勘違いを2つ挙げておこう。

1つ目は、「公平な配分がベスト」という勘違いだ。給与制度を変更しようとする時に陥りがちな勘違いである。

以前、ある工務店の総務部長から給与制度を変更したいと相談を受けた。会社を訪問してみると、社長が給与制度のことで社長室に籠っているが、何ヶ月も決まらなくて困っているという。聞くと、ここ数年業績が良くないので、どう制度を変更しても、減給になる人がいるから決められないらしい。

これは失敗するパターンである。業績が右肩下がりの時に、公平な分配を目指すと、優秀な人材にメリハリの利いた給与を出せなくなる。そもそも、人件費の総額が減っている時に、社長室に籠っていても何も解決しない。

公平な配分というのは、「総務」的な発想だ。人件費という限られたパイを、どう分けるかということでしかない。中小企業の経営的発想では、そのパイをいかに大きくすることができるかの方が大事だ。

社長の裁量で決める

よくある勘違いの２つ目は、「社長の裁量で決めてはダメ」というもの。一般的にダメな給与の決め方の例として、社長が勝手に決めることが挙げられる。

しかし、経営者の裁量で決めることの何が悪いのだろうか。給与制度とは、経営者から従業員に対するメッセージでもある。経営者の掲げる方針に沿って業績を伸ばす行動をした者を評価する、という話である。

社長の裁量が悪いのではなく、それを制度化していないところが問題なのだ。経営者の思い、「このような人を評価できる会社にしたい」という意図を、制度に落とし込むことができていなければならない。

そのためにはコンピテンシー（高業績者の行動特性）評価などと大上段に構えなくとも、「ウチの会社で評価されるのは、こんな人」というのが分かれば良いのだ。

給与の出所と顧客満足

では具体的にどのような給与制度にすれば良いだろうか。給与制度を改定するにあたり、まずは社員の給与に対する考え方を変える必要がある。

数名でも構わないが、自社の社員に、会社にどのくらいの現預金があると思うか訊いてみて欲しい。役員や経理を除けば、ほとんどの社員が、戸惑いを見せるだろう。

社員は、何となく会社の金庫には「多くのお金」が入っているものだと、ぼんやりと思っている。毎月、決まった日に給与が入ることが当然なので、その出所がどこにあるかは考えたことがないのが普通だ。

ここで社員に理解させることは、会社の金庫にお金が自然と湧いてくるのではなく、「給与の原資は、お客様からしか生まれない」ということである。

経営者にとってみれば当たり前の話なのであるが、会社の規模が大きくなると、社員は忘れがちになる。引渡した家に満足したお客様がお金を払うから、会社の金庫にお金が入る。それ以外の方法でお金が入るのは借金だ。

経営者が折に触れて「顧客満足が第一」などと言わねばならないのは、お金の源泉を社員が忘れているからである。社員の給料を払っているのは、社長ではなく、お客様なのである。満足しないお客様は、お金を払わない（＝家を建てない）のだから、給与原資の出所がない。満足するお客様が増えることは、給与の出所が増えることなのである。これを社員に認識させることが大事だ。その上で、顧客満足向上＝給与原資増加＝給与増につながる給与制度の仕組みをつくり上げる。

物件手当

例えば、物件手当のような制度を組み込んでいる工務店は多い。営業の受注に成果報酬を払うだけでなく、その物件を担当した設計、工務、インテリアコーディネーター、事務も含めて全員に物件手当が支給されるようにする。受注した営業だけが成果報酬を貰うのでは、設計やＩＣはやる気を失くす。社内の誰もが、施主が増えることを喜ぶ仕組みが必要だ。

また、工務には担当した現場が、工務の努力により実行予算よりも工事利益が取れたならば物件手当額を増やす。会社全体で、業績を上げて人件費のパイを増やすことができれば、給与制度は複雑にしなくても上手くいく。

かつてのように海千山千の営業担当者が、夜討ち朝駆けで受注する時代ではない。会社の雰囲気を伝えるＳＮＳやブログといった情報発信が企業のブランディングに大きく関わっている。インスタグラムで情報を発信し、インサイドセールスが追客し、来場予約が入って初めて営業担当者が接客する。つまり1件の受注に、それだけ多くの社員が関わるようになった。受注後も、設計、工務、インテリアコーディネーターが関わる。受注を取った営業だけが、歩合の成約報酬を貰うような給与制度では、他の部門が納得しないだろう。

1件の受注から引渡しに至るまでに関わった社員に物件手当を配賦する。仮に新築1棟の粗利額が500万円だったとする。粗利額の10％を物件手当原資とすると、50万円となる。この原資を関わった人数に配賦していく。営業に4％分（20万円）、設計に2％（10万円）、ＩＣに1％（5万円）、工務に2％（10万円）、積算0・5％（2・5万円）事務職に0・5％（2・5万円）と割り振る。配賦の率は、各企業の状況によって異なる。営業がプランを描く会社や、営業が早めに引継ぎ、設計のプラン打ち合わせが長い会社もある。各工務店の実情に合わせて、配賦率を決めると良い。

物件手当が浸透すると社員は、お客様の満足度が上がれば地域での評判も良くなり、受注が増加し、給与が上がる、という一連のつながりを実感できる。また工務が予定粗利よりもコス

物件手当のイメージ

売上高　2,000万円
粗利額　　500万円 ×10% → **物件手当原資50万円**

営業	設計	IC	工務	積算	事務職
4%	2%	1%	2%	0.5%	0.5%
20万円	10万円	5万円	10万円	2.5万円	2.5万円

トダウンできれば、物件手当の原資が増えることも理解できるようになる。

原資の確保

物件手当は、事務職も含めた全ての社員を、お客様満足度向上に気持ちを向けさせるには良いものだが、その原資はどこで確保するのかという疑問もあるだろう。

導入の際は、既存の手当等を整理して、変動割合を大きくすることが多い。それにより、物件手当の原資が生み出せる。左図のように、既存の手当を廃止し、シンプルな給与体系にする。固定と変動に分けることで、会社の業績が伸びた時は、物件手当として還元でき、業績が悪ければ変動部分の給与が少なくなる。

営業だけでなく、設計や工務などにも会社の業績と自分の給与が連動することを理解してもらう。歩合の多い営業職は慣れているだろうが、設計や工務などは給与が変動することに慣れていないため、最初は戸惑うかも知れない。その場合は、変動部分の割合を少なくして導入するとか、変動分は賞与だけに反映させる等の方法がある。

また、固定部分の基本給に当たる部分は、目標管理制度を導入して決定するのも良いだろう。いずれにせよ、大切なのは顧客満足度の向上が会社の業績向上につながり、最終的に自分の手当が増えるということを体感してもらうことだ。それによって、事務職であっても、常にお客様のことを考えるようになる。

給与制度は自由に

物件手当だけでなく、決算手当を明確にしている工務店もある。目標とする経常利益を超過した分の３分の１を決算手当の原資とし、３分の１を会社に残し、残り３分の１が税金で納める分と明確にして、社員の結束を図っている。

工務店の給与制度に決まりはない。勿論、法律に違反しては

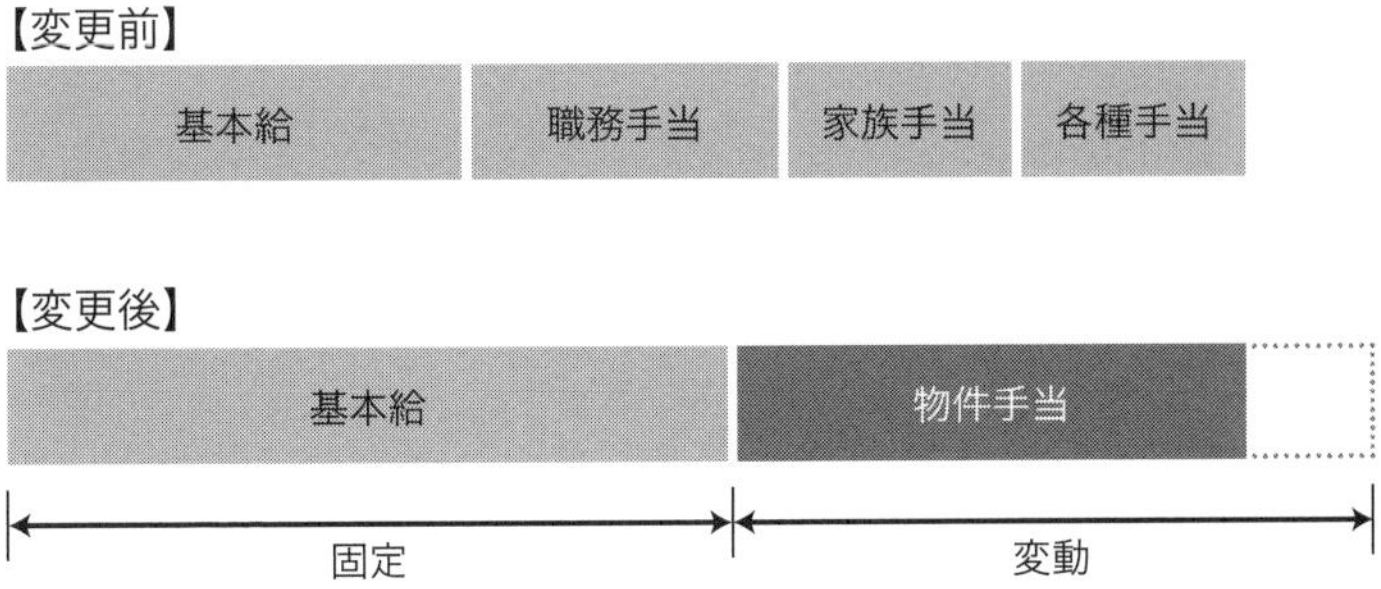

ダメだが、それ以外は自由に設計できる。給与制度は、「社長は、このような働きをする社員を評価するよ」というメッセージだ。より自由に、自社にあった給与制度を導入しよう。

経営幹部を育てる

経営幹部とは何か

会社が成長するにつれ、経営幹部の役割は増してくる。しかし、社長の求める経営幹部を擁している工務店は少なく、悩みは尽きない。まずは、最低限必要な「経営幹部の３つの責任」を果たしてもらおう。

企業の成長に伴い、社長１人の力で全てを掌握することは困難になる。成長し続けるためには、取締役や部長職といった経営幹部の力が必要だ。

しかし、必要であることは分かっていても、社長が満足するだけの経営幹部を擁している企業は少ない。名ばかりの取締役や部長職が多いのが一般的である。経営幹部に最低限求められるのは、「業績責任」「業務改善責任」「部下育成責任」の3つだ。

「業績責任」とは、業績を達成するチームリーダーとしての責任である。営業を統括する部門長であれば、当然ながら受注金額の目標値に責任を持ち、工務部門であれば全体の工事粗利額に責任を持つことになる。

どんなに部下から慕われている幹部であっても、業績責任を達成できない幹部はダメである。たとえ部下に慕われていなくても、目標値は確実に達成する方が経営幹部としては優秀だ。近年では、部下を叱れない上司が増えているが、経営幹部が仲良しグループのリーダーでは儲からない。部下に慕われていなくても、最終的には実績を出し続ける経営幹部に部下は付いていくものだ。どんなに部下に慕われていても、業績が達成できずに部下の給与が下がるようなことになれば、あっという間に支持を失うだろう。

また、業績が悪い時にこそ、経営幹部の器が見えてくるものだ。器の小さな幹部は、自分は一生懸命取り組んでいるが、部下に能力がない、やる気がないなどと言い訳をする。目標を達成できない理由を並べるのは誰でもできる。経営幹部に求められるのは、目標未達の原因や言い訳をアレコレ考えるのではなく、どうやったら目標を達成できるかを考え抜くこと。そして方針を決定したら、部下を言い訳の材料に使わないことだ。

部門「長」の責任

その部門の「長」が決定したことは、「長」に責任がある。会社の業績は「長」である社長に責任があり、部門の業績は部門長に責任がある。部下は「長」の方針に従っているだけであるから、目標未達の責任は部下ではなく「長」にある。

方針をトップダウンで決めるかボトムアップかという話ではない。どんな決め方であろうと、決定した方針の「結果」に対する責任の所在の問題である。

業績の結果に対する責任が、全面的に自分にあることを幹部自身に自覚させることが肝要である。

上司が、本気で目標達成する気持ちがなければ、部下も本気にならない。部下の本気度は、上司の８割とも言われる。部長の目標達成に対する気持ちが弱ければ、課長はその８掛け、係長は課長の８掛け、平社員は係長の８掛けとなり、０・８×０・８×０・８＝０・５１２程度の達成度にしかならないのだ。目標を決めても達成できない、社内ルールを決めても守らせることができないのは、上司が本気でないからである。部下は、上司が本気かどうかを簡単に見破る。業績責任を果たせるか否かは、経営幹部の目標達成に対する覚悟に懸かっている。

1・01と0・99の大きな違い

次の「業務改善責任」とは、業務を常に改善し品質と生産性を高める責任のことである。少し自社のことを振り返ってもらいたい。経営幹部が1年前と同じことをしていないだろうか。

1年前と同じであれば、それは成長していないということである。1年前より経験値が上がっているのだから、過去の業務にプラスして新たなことに挑戦しているか、もしくは1年前よりも大きな成果を出している筈だ。

とかく経営幹部クラスまで昇進すると成長が鈍りがちだ。常に成長を続ける必要があることを、経営幹部には特に意識させるべきである。

コツコツ業務改善を続けていくことが大きな力になることは、ご承知の通りである。

1％の改善を365日続けると、1年で37・8倍になる話は聞いたことがあるだろう

（１・01の３６５乗＝37・７８３）。不断の改善努力が大きな力となり、他社との間に大きな差を生む。１日の歩みは僅かでも、過去の経験や知識が積み重なることで相乗効果を発揮して大きな成果となる。

逆に、１％だけ毎日さぼり続けると、１年後には僅か０・03という恐ろしい結果になってしまう（０・99の３６５乗＝０・０２５）。さぼらないまでも、自社が「現状維持」でいて、競合他社が１％の努力をしていれば、結果としては大きな差がついてしまうのである。

成功している同業他社を見て羨むのを止め、「毎日１％の業務改善」を経営幹部と共有すべきだ。営業の提案方法、住宅の施工品質を高める取り組み、原価管理の徹底等、ほんの１％でも昨日より改善しようと取り組む姿勢を経営幹部が持つことで１年後の結果が大きく変わる。

憧れの上司か

最後の「部下育成責任」とは、成果を上げながら人材を育成する責任である。「成果を上げながら」というのがポイントだ。単に部下に仕事を教えるだけでは、経営幹部として部下育成の責任を果たしたとは言えない。部下に仕事を教えるだけならば、幹部ではなく単なる先輩である。

その部下を1人前にするだけではなく、他の社員や他部門との連携を通じて、2倍、3倍の成果を出すのが幹部にとっての部下育成責任である。

そのためには、まず幹部が方針を示すことだ。自分の部門をどのようにしていきたいのか、大きな方針と目標を示す。そして、その部門が進む大きな方向性の中で、部下の位置付けを教えることだ。それを示さずに部下が思ったように育たないと嘆いても仕方がない。明確な方針がなければ、部下は何をすれば良いのか分からないからだ。

部下に成長の道筋を示したら、次は「当たり前を受け入れる」ことが肝要だ。部下は幹部と同じようにはできない。その当たり前に気づかなければならない。

今の自分には簡単な仕事であっても、昔の自分には難しかった仕事が山ほどあるだろう。必要な仕事を１００として、部下の力が30しかなければ、70は上司が埋めてやる。そして、部下の力を40に引き上げるように指導していく。部下の力が30しかないことを責めても意味がないし、部門の成績は上がらない。幹部には成果も育成も期待されている。

ぜひ経営幹部には、幹部自身が部下からどう見えているか考えてもらいたい。仮に入社時の自分が、幹部としての今の自分を見たら、どう思うだろうかと。素晴らしい上司だろうか、それとも……。そう考えると、自ずとやるべきことが見えてくるに違いない。

経営幹部に必要なもの

工務店は、受注さえあれば売上規模が大きくなりやすいため、他業種と比較すると経営幹部の育成が追いついていない事例が多々ある。

どんなに社長の能力が高くとも、１人で何でもこなすには限界がある。企業と幹部社員の成長スピードを合わせることが、次の成長ステージに進む鍵だ。

企業の幹部教育というと、富士山に登ったり、大声で感謝の言葉を述べたりする「気合系」や「自己啓発系」の研修を思い浮かべる人もいるだろうが、それらの研修は一時的にモチベーションが高まったように見えても長続きしない。継続的に成長する企業幹部に必要なものはやる気ではなく、スキルや経営感覚を高めることだ。

下図のように、成長している企業の社員はやる気があり、日々の仕事を通じて理念やビジョンの共有はある程度できていると考えられる。ただ、自分の専門分野に知識や経験が偏っているため、役員として戦略を考えたりするのは苦手な面があり、社長から見ると物足りないと感じるのだ。

やる気ではなくスキルを鍛える

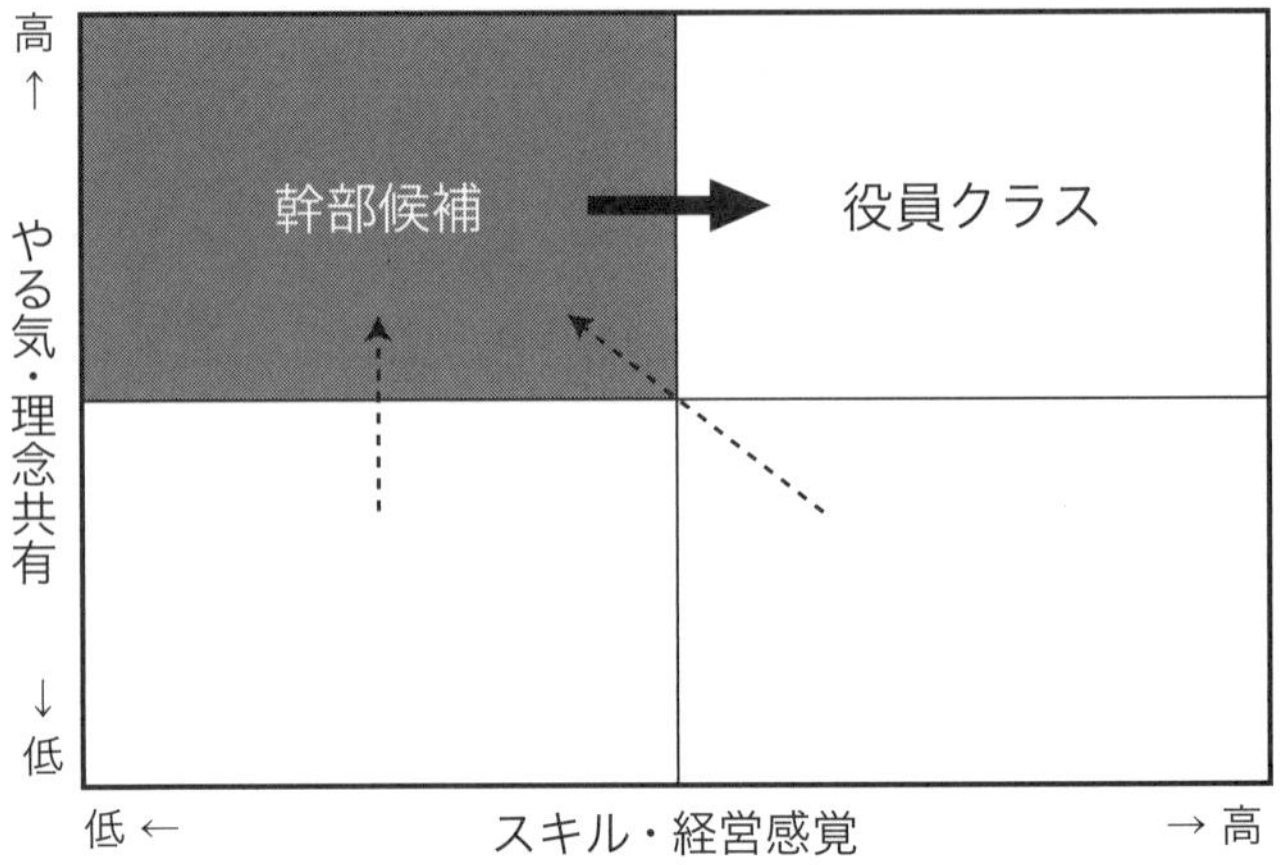

数値に対する感覚

第4章でも触れたが、経営幹部に必要な多々あるスキルのうち最も重要なものは、数値に対する感覚だ。財務会計の細かなルールまでは知らなくても良いが、ポイントを抑えられる数値の感覚が必要だ。それがないと、あらゆる施策が大雑把になってしまう。

数値に対する感覚を高めるには、まず会社全体の数字を知ることである。社員の考えている会社の数字と実態はかけ離れている。これは、多くの中小企業が決算書を社員に公開していない、もしくは公開はしていても理解させていないことに原因がある。少なくとも幹部社員には、自社の決算について理解をしてもらわねばならない。「利益先行管理表」を幹部会議で共有できれば、徐々に理解が進んでいくだろう。

会社全体の数字を把握した後は、それが自分の仕事とどのように連動しているかを理解する段階である。会社の数字が分かってくると、自分の仕事が会社業績にどれほど価値があるのか分かってくる。釘1本の無駄をなくすことの大切さが理解できるようになれば、大きな進歩である。

例えば、1棟単価2500万円で年間50棟を完工する工務店があるとする。現場監督が数字を理解し、1棟あたり1%のコストダウンを行うと、1棟で25万円の利益が生まれ、50棟で1250万円の利益になる。

100円の部材を99円で買う、100日掛かる工期を99日で終わらせるといった僅か1%のコストダウンで、年間1250万円もの差が出る。その利益増加分で、積算・発注業務に1人増員して工務部の業務量を減らそうか、それともボーナスで還元しようか、という話ができるようになる。

それができれば、給与連動も考えられる段階になる。オーナー経営者にとって、会社の業績がきわめて重要なのは、生活に直結しているからでもある。会社業績と社員の利害が一致していれば、社員にも同様の感覚が生まれる。会社に利益をもたらす動きをしても何も見返りがないのでは、社員の持続的な貢献は見込めない。会社業績に連動した給与制度を整えることは、社員と会社の関係をより強めるだろう。

ゲームで実感

経営感覚を、座学で説明して社員に理解してもらうのは、なかなか困難である。そこで、簡単なビジネスゲームをオススメする。

1チーム3～5人として、数チームで行う。このチームそれぞれが、ひとつの会社として半年間の経営を行い、決算数字で競い合うというものだ。

儲かっても資金ショートを起こしたり、在庫を抱えて安値で販売せざるを得なくなったりする。経営者の立場を追体験することで、経営感覚を養うことができる。

小難しい話は苦手な社員でも、自分がゲームに参加しながらであれば感覚として分かってくる。このゲームの後に、会社の決算数字を見せると、より理解が深まることは言うまでもない。

実際の経営もゲームだ、と言ってしまうと真剣に経営している社長が怒りそうだが、ある意味で社員には経営をゲームとして理解してもらうことも必要だ。

あなたの会社が、年間に必要とする利益額は決まっているのであるから、社員には、それを稼ぎ出すゲームをやっていると考えてもらえば良い。売上を上げて達成するか、コストを下げて達成するか……社員に考えさせ、目標を達成できたら賞与が貰える。そんなゲームである。

経営は、眉間にシワを寄せていれば儲かるというものではない（それで儲かるなら喜んでシワを寄せるが）。

時には、社員にゲームを楽しむような感覚で会社の数字を理解してもらい、笑顔でお客様に接してもらう環境をつくることが肝要である。

数字を理解した後は、戦略やマーケティング、人と組織など体系的に学ぶことで工務店の経営幹部として成長してくれるだろう。

相談事例 file17

Q.　優秀な幹部がいるのですが、部下からの人望がありません。どうしたら良いでしょうか。

A.　人望がなくて良かったですね。

優秀な幹部がいると、ついついあれもこれもと期待してしまいます。営業も設計もできて、現場も見ることができて、経営の感覚も持っている。そんなオールラウンドで活躍できる経営幹部がいると非常に助かります。まさに社長の右腕として大活躍してくれます。

しかし、そのような経営幹部は、往々にして部下からの人望がないことが多い。自らの才能と努力で結果を出し、経営幹部になっているが故に、できない部下の気持ちが分からないところがあります。そして社長からの高い要求（無茶ぶり）に応えようとするあまりに、自身のハードワークだけでなく、部下にも同じことを求めがちです。結果、優秀で高い業績を残す一方で、部下からの信頼が薄い幹部となります。

業容が拡大すればするほど、優秀な幹部が欲しくなります。人望があり、社長と同じような意識で働いてくれる人がいれば、今以上に業績が伸びると考えるのも当然です。

以前、弊社主催のセミナーに参加している経営者の皆さんに「もし、あなたの会社の社員が社長と同じ考えで仕事をしたら、どんな会社ができると思いますか？」と尋ねたことがあります。

すると、「間違いなく業績が伸びる」「全員が会社のために頑張る」など、会社が良い方向に進むという意見が多く挙がりました。自分の分身のような社員が多くいてくれたら、もっと業績が伸びるのにと考える社長が多かったです。

業績が伸びるだろうという回答が多い中、１人だけ「自分と同じ考えだったら、独立するよ」という意見の社長がいました。なるほど、その通り。参加していた多くの創業社長の腑に落ちたようです。

さて、件の優秀な幹部に人望もあったら、どうなるでしょうか。仕事ができて、部下からの信頼も厚い、協力業者や建材メーカーとも厳しくも良い関係を築き、会社の隅々まで心配りできるような人だったら。

そうです。更に頼れる経営幹部になる……のではなく、あなたの会社を辞めて独立することでしょう。勿論、その幹部が心酔するぐらい、社長自身に強いカリスマ性があれば別ですが。人望のある幹部は、優秀な部下を何十人も連れて辞めるかもしれません。人望がなくて良かったのですよ。

工務店の成長に必要な人材

優秀な「すべき」人材

会社が成長してくると、徐々に優秀な人材が入社してくるようになる。累積する受注棟数に比例して、優秀な社員の採用も増えてくるものだ。知名度の低かった創業時には採用できなかった人材を獲得できることは、非常に嬉しいことであり、更なる成長に欠かせない要素となる。

一方で、採用した優秀な人材が会社の成長を止めることもある。

一般的に優秀とされる人材は、論理的思考力がある。データや状況を分析した上でロジカルに答えを導き出し「〜すべき」であると結論づける。

この「すべき」が強くなり過ぎると、会社は保守化していき、成長が止まる。

様々なデータに基づいて論理的に導き出された結論は、一見すると正しい結論のように思える。

しかし、経営は生ものであり、経済環境は常に変化している。こう「すべき」という100%の正解はないのが当然。にも関わらず、「すべき」に会社全体が引きずられると、新しいことを避ける社風ができあがる。

特に、経営企画、管理・総務・経理部門に優秀な「すべき」人材が入社し、社長がそれに引っ張られると会社は縮小均衡に陥りやすい。

論理的思考力に長けた「すべき」人材の意見だけに与すると、不確かな要素が大きい新規の取り組みは全て「すべき」でないものとなる。

その結果、失敗しない確率を高めることはできるが、大きく成功する確率は低くなる。

「したい」人材が会社を伸ばす

対照的に、論理的思考力はそれほどでもないが、強い情熱を持つ「したい」人材は貴重である。

例えば、日本の少子化問題や住宅需要の縮小を見越して、発展を続ける海外への進出が中小の工務店でも検討されることがある。

そこで、アフリカに進出することに決定し、社員を現地に派遣することになったとする。その際、次のどちらの人材が成功を収めることができるだろうか。

「日本企業の進出が進み、アフリカは成長余地が大きく、将来的に住宅需要が伸びる可能性が高いので当社も進出すべきだ」

「日本で培った住宅の技術があれば絶対にアフリカの住環境を豊かにすることができる。何としても成功させたい」

あなたなら、どちらの社員を派遣するだろうか。これまで実施したことのない事業や急成長を成し遂げるためには、「すべき」かどうかではなく「したい」という情熱が必要である。

前者の社員は、何か壁にぶつかった時に、理路整然と「撤退すべきだ」と論じるだろう。

しかし後者の社員であれば、何が何でも「したい」という想いで事業を前進させる。赤ん坊は「立つべきだ」と考えて、ハイハイから二足歩行になるのではない。そこにあるのは「立ちたい」という情熱だけである。

経営も同じ。経営者の「したい」という気持ちが強ければ、周囲に協力者が現れ、前進していく。逆に「すべき」だと考えたものは、さほど上手くはいかない。

世界を動かすもの、それは……

思考実験的に、住宅以外の事業で「したい」と思うビジネスを考えてみて欲しい。

いきなりでは思いつかないだろうが、何かのタイミングで、ビジネスアイデアが浮かんだ経験は誰にでもあるだろう。

急速に成長するビジネスには、誰もが思いつかなかった新規性がある。裏を返せば、その事業に関しては自分も含めて世界中の誰もが初心者であり、素人であるということでもある。

素人の行う事業なのだから、論理的思考力の強い人からすると「すべき」でないという結論になることが多い。だからこそ「したい」という想いが新規事業には大切なのである。

先行事例や見本がない中で進むからには、壁にぶち当たり、多くの失敗もする。その度に「すべき」なのかを考えていたら何も成すことはできない。絶対に「したい」という情熱があるから、幾度の失敗を乗り越えて、事業を急成長させられるのである。

さて、何か良いビジネスアイデアは浮かんだだろうか。

日常の住宅経営における「すべき」かどうかの判断から少し離れて考えると、ワクワクするような「したい」アイデアが浮かぶはずだ。

その気持ちのまま、ぜひ創業した頃や会社を承継した頃のことを思い出して欲しい。「今期黒字にするために○棟受注すべき」という発想から離れ、社長になった時に考えていた「自分がしたい家づくり」は、どんなものだっただろうか。その理想に近づいていないのだとしたら、いつの間にか社長自身も「すべき」で考える人材になっていたのかも知れない。

行動できる「したい」人材を社内で重用しよう。「すべき」だと偉そうに講釈を垂れるのは、経営コンサルタントだけで十分だ。

あとがき

本書では、できるだけわかりやすくＳＭＡＳＨを解説してきたつもりであるが、いかがだろうか。

もともとＳＭＡＳＨは、幹部研修用に整理したものだが、経営の実践でもかなり有用である。最後にＳＭＡＳＨを使った工務店の業績改善例を、読者の理解を深めていただくために2例挙げておく。

ある工務店の社長は非常に勉強熱心な人で、様々なセミナーに参加し、ＦＣにも加盟、いろんなコンサルタントにも依頼し、全国の成功事例を真似て社内で実践していた。それなのに、業績が伸び悩んでいるという。

この社長が過去に実践した施策を聞いてみると、他の工務店で成功した手法が山のように出てくる。確かに、その施策1つ1つは効果的なモノばかりだ。しかし、戦略に一貫性がない。次から次へと新しいことをやりたがる社長に、社員もほとほと疲弊していた。

そこで、SMASHのS（Strategy：戦略）から手を付けてみた。自分たちが何の戦略系統に属し、地域の中でどんなポジションを取れるのかを、社長・経営幹部と合宿形式で話し合ってもらった。改めて自社の市場での立ち位置、競合との関係を整理して考えてみると、やるべきことが明確になった。その戦略を踏まえて、M（Marketing：マーケティング）に着手した。

自社の戦略の方向性から、「設計」を前面に出したマーケティングを展開することに決まった。それに合わせて、予算を確保するためA（Accounting：会計）を考え、将来ビジョンを社内に展開するためS（Scenario：シナリオ）、ビジョンに共感した社員を採用・育成するためH（Human capital：人的資本）という流れとなった。このようなSMASHの流れが一般的だが、次の工務店のように、どの項目から始めても良い。

ある工務店からは、売上は伸びているが、忙しいわりに儲からないという相談を受けた。

毎年、赤字か僅かばかりの黒字。資金繰りも楽ではなく、銀行からの借入残高は徐々に積み上がってきているという。

この工務店の改善は、Ａ（会計）から始めた。まずは資金の流れを確認しようとすると、資金繰り表がない。資金繰り表がないため、常に何となくお金が足りないが、どの月にいくら足りないのかが明確ではなかった。

社長と経理担当による勘で回していたようだ。お金が足りなくなるのは、業績が悪い時ばかりではない。売上が急速に伸びている時、支店を増やした時にも資金は足りなくなる。この工務店は、急速な成長に管理体制が追いついていなかったのだ。

資金繰り表を作成すると、入金日がズレることに問題があることが分かった。本来、受注産業である工務店では、施主からの入金が先で、協力業者への支払いが後になるため、資金繰りは比較的容易である筈だ。しかし、この工務店では中間金・最終金の入金のタイミングが遅い。工期の遅れにより中間金の入金日がズレる、最終金を貰わずに引渡す等々、工程管理不足、社内ルールの逸脱による問題が露わになった。

工務部の管理体制の整備と同時に、利益先行管理表を導入して半年後の利益が見えるようにした。半年先までの利益と資金繰りを把握できたことで、慌てていた社長も落ち着きを取り戻した。

そこで、次に2つ目のＳ（シナリオ）に着手した。売上は年々伸びて社員も増えてきたが、将来に向けてどんな会社になりたいのか、どのようなビジョンがあるのかを示す時期となった。先にA（会計）を手掛けて利益と資金繰りの先が見えたことで、社長も先々を考える余裕が持てるようになったようだ。そして、もう一段成長するためのシナリオを考えることができるようになった。

工務店経営に限らず、会社を経営し運営していくことは容易いことではない。はたと経営に悩んだ時、何から手を付けて良いのか分からなくなることはあるだろう。そんな時は、本書を手に取り、今、一番悩んでいるSMASHの項目を開いてみて欲しい。何らかのヒントが見つかるはずだ。

著者プロフィール
友村 太郎（ともむら たろう）
中小企業診断士、MBA（経営管理修士）。東京理科大学建築学科卒、同大学院（建築学専攻）広谷研究室。向上計画総合研究所の代表として、全国の工務店に対する経営支援を行う。工務店経営者の戦略参謀として顧問に就くほか、「SMASH」の考え方を基にした幹部研修の講師としても活躍。創刊 50 年となる住宅業界向け専門紙「北海道住宅通信」を発行する北海道住宅通信社の代表も務める。住宅会社向け経営支援サイト「ビルダーズネット（https://buildersnet.jp/)」を運営。

SMASH《スマッシュ》　工務店経営《こうむてんけいえい》の要諦《ようてい》

2024 年 10 月 17 日　初版第 1 刷発行
著　者　友村太郎
発行者　奥村禎寛
発行所　知道出版
〒 101-0051 東京都千代田区神田神保町 1-11-2
天下一第二ビル 3F
TEL 03-5282-3185　FAX 03-5282-3186
https://chido.co.jp/
印　刷　モリモト印刷

ISBN978-4-88664-374-2